Acesso ao
MATERIAL SUPLEMENTAR

Anexo – Relatório de Pesquisa: "*Lawfare* de Gênero".

Estude *online* com conteúdos complementares ao livro e que ampliam a sua compreensão dos temas abordados nesta obra.

Tudo isso com a **qualidade Saraiva Educação** que você já conhece!

Veja como acessar

No seu computador
Acesse o *site*
www.grupogen.com.br

No seu celular ou *tablet*
Abra a câmera do seu celular ou aplicativo específico e aponte para o QR Code acima.

1. Se você já tem cadastro, entre com seu *login* e senha. Caso não tenha, deverá fazê-lo neste momento.

2. Após realizar seu *login*, clique em "Ambiente de aprendizagem", disponível na parte superior. Você será direcionado para a plataforma.

3. Clique na aba "Meus Materiais Suplementares" e, em seguida, clique em "Adicionar novo material suplementar".

4. Em seguida, pesquise pelo título do livro e clique em "adicionar".

CB044261

Em caso de dúvidas, entre em contato pela página **www.editoradodireito.com.br/contato**.

* O acesso a este material será disponibilizado somente durante a vigência da respectiva edição. Não obstante, a editora poderá franquear o acesso por mais uma edição.

SORAIA DA ROSA MENDES

LAWFARE
de gênero

Violência processual,
violência institucional e
violência política
contra as mulheres

saraiva jur

saraiva EDUCAÇÃO | **saraiva** jur

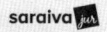

Uma editora do GEN | Grupo Editorial Nacional

Travessa do Ouvidor, 11 – Térreo e 6º andar
Rio de Janeiro – RJ – 20040-040

Atendimento ao cliente:
https://www.editoradodireito.com.br/contato

DADOS INTERNACIONAIS DE CATALOGAÇÃO NA PUBLICAÇÃO (CIP)
ODILIO HILARIO MOREIRA JUNIOR – CRB-8/9949

M538l   Mendes, Soraia da Rosa
          Lawfare de gênero: violência processual, violência institucional e violência política contra as mulheres / Soraia da Rosa Mendes. – São Paulo : SaraivaJur, 2024.
          184 p.
          ISBN: 978-85-5362-040-1 (impresso)
          1. Direito. 2. Lawfare. I. Título.

2023-3089   CDD 340
                                                                                      CDU 34

Índices para catálogo sistemático:
1. Direito   340
2. Direito   34

Diretoria editorial	Ana Paula Santos Matos
Gerência de produção e projetos	Fernando Penteado
Gerência de conteúdo e aquisições	Thais Cassoli Reato Cézar
Gerência editorial	Livia Céspedes
Novos projetos	Aline Darcy Flôr de Souza
Edição	Deborah Caetano de Freitas Viadana
Design e produção	Jeferson Costa da Silva (coord.)
	Verônica Pivisan
	Alanne Maria
	Lais Soriano
	Rosana Peroni Fazolari
	Tiago Dela Rosa
Diagramação	Guilherme Salvador
Revisão	Carolina Mihoko Massanhi
Capa	Lais Soriano

Data de fechamento da edição: 23-7-2024

Nenhuma parte desta publicação poderá ser reproduzida por qualquer meio ou forma sem a prévia autorização da Saraiva Educação. A violação dos direitos autorais é crime estabelecido na Lei n. 9.610/98 e punido pelo art. 184 do Código Penal.

*Para João Henrique, ao tempo de seus 18 anos.
Tenho muito orgulho do ser humano que a cada
dia você constrói em si mesmo.*

Agradecimentos

À Saraiva Educação pelo convite formulado para escrever essa obra.

À Isadora Dourado pelas reflexões e estudos compartilhados que resultaram na criação da expressão "*lawfare de gênero*", no artigo intitulado "*Lawfare* de gênero: o uso do direito como arma de guerra contra mulheres", publicado em fevereiro de 2022, no portal da *Agência Patrícia Galvão*.

À Dra. Dora Lucy Arias Giraldo meus agradecimentos especiais por me ter dado o privilégio de ler em primeira mão o documento de alegações finais por ela apresentado perante a Corte Interamericana de Direitos Humanos no Caso Miembros de la Corporación Colectivo de Abogados "José Alvear Restrepo" – CAJAR *vs.* Colombia.

À competentíssima e admirável professora Dra. Elaine Pimentel líder do meu estimado Grupo de Pesquisa Carmim – Feminismos Jurídicos, vinculado ao Programa de Pós-Graduação em Direito da Universidade Federal de Alagoas (UFAL).

Às pesquisadoras Ana Beatriz Albuquerque Ferraz, Ana Beatriz Pereira El Kadri, Anne Caroline Fidélis, Anne Shirley Oliveira Amaral Hermes, Elita Isabela Morais Dorvillé de Araújo, Hanna Taveira de Paula, Maria Eduarda Rodrigues Teles Ferreira, Maria Eduarda Santos do Nascimento, Mariana Regis de Oliveira, Marina Ruzzi, Natasha de Vasconcelos Soares, Nathalia Maria Wanderley Cavalcante, Paula Simony Lopes Ferreira e Sônia Rafaella Santos Bernardes, sem as quais a pesquisa intitulada "*Lawfare* de gênero: a necessária e urgente construção de um protocolo para a atuação ética e profissional de integrantes da advocacia sob a perspectiva de gênero a partir da pesquisa nacional para identificação de casos de violência de gênero contra advogadas em razão do exercício da profissão" não teria sido possível.

Ao Centro de Defesa dos Direitos da Mulher (CDDM), ONG alagoana, pioneira na prestação de assistência jurídica, social e psicológica gratuita para mulheres, especialmente aquelas em situação de vulnerabilidade e violência de qualquer natureza; à Liga Acadêmica de Estudos sobre os Direitos das Mulheres (Laedim/FDA/Ufal), bem como à Ordem dos Advogados do Brasil da Seccional São Paulo pelo apoio.

À equipe do escritório Soraia Mendes Advogadas pelo suporte necessário para que eu pudesse me dedicar a esta obra.

E a todas as mulheres que apesar da *lawfare* marcada pela violência de gênero política, processual e institucional insistem e resistem em defesa dos direitos de outras tantas mulheres.

Prefácio

Sistema de justiça e controle dos indesejáveis: a hipótese da *lawfare* de gênero

Evento, por definição, é um acontecimento relevante que rompe com a apatia dos dias sem emoção ou reflexão. Sem a ruptura produzida por um evento, os fenômenos, por mais absurdos que se apresentem, acabam naturalizados no mundo da vida. O pensamento crítico, entendido como a capacidade de formular diagnósticos adequados da realidade e direcioná-los em uma direção emancipatória, de superação das múltiplas opressões, necessita desses acontecimentos que transformam certezas em dúvidas e, assim, estimulam uma nova práxis (teoria + ação) transformadora. O livro da professora Soraia da Rosa Mendes, destacada jurista, autora de importantes trabalhos nas áreas da teoria feminista do direito, do processo penal e da criminologia, é inegavelmente um evento: uma obra que rompe com o marasmo teórico enquanto busca compreender e superar a naturalização da utilização tanto do sistema político quanto do sistema jurídico, assim como dos "territórios de guerra" contra um ser indesejável: a mulher.

A percepção da mulher como um ser indesejável, quiçá demoníaco, enfim, uma inimiga a ser neutralizada através de técnicas de perseguição, não é nova. Afinal, como explica Simone de Beauvoir, o segundo sexo é construído a partir do e para o homem: "um homem está em seu direito sendo homem, é a mulher que está errada"[1] e deve ser punida e/ou corrigida. Antes, Aristóteles

---
[1] BEAUVOIR, Simone de. *O segundo sexo*: fatos e mitos. Tradução de Sérgio Milliet. Rio de Janeiro: Nova Fronteira, 2019, v. 1, p. 14.

já dizia ser necessário considerar o caráter da mulher como portador de "uma deficiência natural", enquanto São Tomás de Aquino decretava que a mulher era "um homem incompleto", que necessitava de tutela e correção. De doadora da vida, curadora da cultura e detentora de saberes fundamentais para a vida em comum, a mulher foi, com o desenvolvimento da cultura funcional ao capitalismo e o enfraquecimento da dimensão do comum, transformada em uma figura indesejável, uma pecadora, um ser falho e a causa dos males direcionados aos homens.

A leitura do *Malleus Maleficarum*, escrita pelos inquisidores Heinrich Kramer e James Sprenger, em 1484, por exemplo, deixa evidente que a mulher era apresentada como um símbolo do mal, uma bruxa ou amante do Diabo, para justificar o controle dos corpos, da sexualidade, da cultura e do saber próprio das mulheres, bem como perversões (vale lembrar que ataques sexuais – mulheres eram despidas, tocadas e tinham os pelos raspados, em procedimentos que envolviam sadismo e voyeurismo – eram cometidos contra mulheres acusadas de bruxaria em meio à hipocrisia puritana reinante, como bem retrata Dias Gomes, em sua peça *O Santo Inquérito*[2]), condenações e mortes. Disfarçado de uma luta contra o mal, em que pese a crença genuína de muitos que se dedicavam à caça às bruxas, buscava-se, então, objetivos políticos: a centralização do poder (até então disperso e fraco, no modelo feudal), o controle do saber, a criação de normas de comportamento para as massas camponesas e a fabricação de corpos dóceis, submissos e alienados (o modelo do futuro trabalhador, que não deve se rebelar contra as múltiplas opressões a que for lançado).

Na justificação para a perseguição e a punição de mulheres, Kramer e Sprenger "explicavam" que a mulher é "mais carnal do que o homem" e, portanto, mais levada a desvios, à sedução e à mentira, até porque "houve um defeito de fabricação da primeira mulher, pois ela foi formada por uma costela do peito

---

[2] GOMES, Dias. *O Santo Inquérito*. Rio de Janeiro: Ediouro, 2009.

do homem, que é torta. Devido a esse defeito, ela é um animal imperfeito que engana sempre"³. O ódio à mulher, a misoginia, a tentação de atribuir características desabonadoras, a pré--compreensão machista e a crença na superioridade masculina, fenômenos que levaram à redação do *Malleus Maleficarum*, um verdadeiro manual de persecução de mulheres, nunca deixaram de existir e, hoje, aparecem disfarçados e/ou potencializados pela lógica da concorrência, que integra o imaginário neoliberal e instaura uma luta permanente contra o outro, em especial o outro da diferença (e o outro do conhecimento). Diante desse quadro, o primeiro elogio que pode ser feito à obra que o(a) feliz leitor(a) tem em mãos é o de ser uma espécie de anti--*malleus*: um estudo direcionado à redução da opressão da mulher através do sistema de justiça.

Em um texto ao mesmo tempo rigoroso e gostoso de ler, Soraia Mendes desvela a multiplicação das violências (processual, institucional e política), contra a mulher em espaços de poder que deveriam estar direcionados à garantia dos direitos fundamentais de todos e todas. Exemplos não faltam (e a autora os deixa explícitos): da coação moral à desqualificação da mulher enquanto sujeito processual (ré, vítima ou advogada), da burla de medidas protetivas de urgência estabelecidas em Juizados de Violência Doméstica ao abuso de falsas notícias de crime (que transformam as vítimas em suspeitas), de ameaças à importunação.

Hoje, parece não existir mais dúvidas de que o sistema de justiça se tornou um importante espaço de luta política. Soraia Mendes, então, levanta a hipótese da existência de uma *lawfare* marcada pela questão de gênero e busca demonstrar que, não raro, as agências estatais também podem servir à manutenção da lógica e da ideologia patriarcal. Em adesão às teses expostas pela autora, vale registrar que a existência, ou não, dos fatos atribuídos às pessoas selecionadas para figurar na posição de

---

³ KRAMER, Heinrich; SPRENGER, James. *O martelo das feiticeiras*. Tradução de Paulo Fróes. Rio de Janeiro: Rosa dos Tempos, 1998, p. 112-123.

réus pouco importa à constatação de que a Agência Judicial e o Ministério Público passaram a ser percebidos como potenciais atores de perseguições políticas e da manutenção de um sistema de opressão baseado no gênero. Mas, não é só: a vitimização secundária, ou seja, o tratamento atentatório aos direitos fundamentais das vítimas, também se tornou uma constante em processos judiciais percebidos como projetos políticos que envolvem a manutenção da crença na dominação masculina.

A simples existência de alguns processos em que o devido processo legal é flagrantemente desconsiderado e os debates em torno da legitimidade dos respectivos procedimentos revelam que cresceu a consciência de que o direito e as leis podem ser transformados em armas contra os inimigos políticos: os indesejáveis aos olhos dos detentores do poder político e/ou econômico. O potencial transformador do feminismo, por exemplo, coloca cada mulher no papel de ameaça em potencial ao sistema de privilégios e, portanto, na condição de indesejável aos que exercem e lucram com a manutenção do sistema de opressões. Com as mulheres negras é ainda pior.

A instauração de uma guerra jurídica (*lawfare*) contra um inimigo, hoje, é uma estratégia cada vez mais frequente. Como explica Carol Proner e Juliana Neuenschwander, "a expressão 'lawfare' é utilizada para apontar uma situação de 'guerra jurídica' ou o uso do direito como arma política (...), um exemplo daquilo que pode ser chamado também de *political justice*, expressão usada pelo jurista alemão Kirchheimer para falar do uso de procedimentos judiciais para fins políticos"[4]: o que, por evidente, abrange a manutenção da hegemonia neoliberal e das múltiplas opressões (do capital, do racismo, do machismo etc.).

Diante desse quadro, surge o desafio, para todos aqueles que não se deixaram seduzir por ilegalidades convenientes, de

---

[4] PRONER, Carol; NEUENSCHWANDER, Juliana. Informações reveladas provam o 'lawfare' como arma política no Brasil. *Opera Mundi*, 2019. Disponível em: https://operamundi.uol.com.br/opiniao/informacoes-reveladas-provam-o-lawfare-como-arma-politica-no-brasil/. Acesso em: 15 jun. 2024.

diferenciar os casos de *lawfare* dos processos legítimos em razão de fatos relevantes para o direito penal. Para tanto, três questões precisam ser objeto de reflexão: em primeiro lugar, é preciso delimitar o conceito de *lawfare*, o que Soraia Mendes faz na primeira parte do livro. Depois, desvelar a utilização de significantes que servem como elementos mistificadores do discurso que busca justificar a eliminação de inimigos (inclusive, os significantes "gênero", "decoro", "vítima", "fidelidade", "assédio", "violência" e "igualdade"). Por fim, compreender a função dos direitos e garantias fundamentais na legitimação, ou não, dos processos judiciais. Assim, por exemplo, servem para demonstrar a ocorrência de *lawfare*: a desconsideração das formas processuais (que, nas democracias, funcionam como uma garantia contra o arbítrio); o vazamento para a mídia dos conteúdos sigilosos do processo penal, o que potencializa o assédio ilegítimo contra o(a) acusado(a), seus familiares ou aliados; a violação reiterada dos direitos do réu, tais como a ampla defesa e o contraditório; o tratamento desrespeitoso de testemunhas; a rapidez atípica (ou de acordo com o calendário eleitoral) conferida ao julgamento de uma acusação em detrimento de outros casos mais antigos que esperam para serem julgados; e a existência de sinais de parcialidade do julgador, tais como o fato de o juiz: a) orientar ou coordenar a acusação; b) permitir "vazamentos" ilegais de conversas sigilosas; c) fazer *lobby* junto a outros órgãos jurisdicionais para ver suas posições no processo mantidas; d) produzir provas em substituição ao órgão acusador; e e) adotar medidas atípicas (por exemplo, interromper as férias) para evitar a liberdade do réu, a produção e valoração das provas em desconformidade com os limites jurídicos, éticos e epistemológicos etc.

Lawfare, como o leitor constatará com a leitura desta obra, é a utilização do sistema de justiça como o *locus* de uma guerra contra pessoas identificadas como "inimigas", em que as armas são interpretações distorcidas/preconceituosas (e potencialmente destrutivas) de leis, institutos, procedimentos e categorias do direito. Com essa expressão, que surge da contração das palavras "*law*" e "*warfare*", busca-se designar a instrumentalização do sistema de justiça, de leis e procedimentos para fins políticos e ideológicos, inclusive a manutenção do machismo produzido pelas estruturas de dominação e reproduzido tanto consciente quanto inconscientemente.

Na *lawfare*, por trás de uma aparência de legalidade e do mito da neutralidade do Poder Judiciário, o sistema de justiça passa a ser utilizado para manipular a opinião pública, desgastar e, se necessário, eliminar os inimigos e as inimigas dos detentores do poder político e/ou econômico. A partir de uma acusação, que exterioriza uma "versão" sem qualquer compromisso com o valor "verdade", instaura-se um assédio judicial (e, não raro, midiático) que visa destruir reputações a partir de insinuações/ imputações consideradas graves nos respectivos contextos. Nesse processo de destruição da reputação, quando as vítimas são mulheres, não raro, se dá a manipulação de preconceitos que integram o repertório machista em um dado contexto histórico. Esse assédio costuma ter por base violações das garantias constitucionais das acusadas e dos acusados, em especial o "vazamento" de informações sigilosas e íntimas, muitas vezes sem qualquer ligação com o "crime" atribuído ao réu ou à ré. O processo penal, nesses casos, acaba reduzido a uma mercadoria: um espetáculo em que a dimensão de garantia (inerente aos processos democráticos) acaba substituída pela dimensão de entretenimento com a funcionalidade política de destruir o capital simbólico (prestígio social) da inimiga ou do inimigo político.

Se ataques às mulheres em agências estatais não são uma novidade, o que há de diferente, na atual quadra histórica, é a total desconsideração de valores, regras e princípios constitucionais e a correlata explicitação do caráter seletivo, ilegítimo e inquisitorial das ações estatais direcionadas contra as indesejáveis aos olhos dos detentores do poder político e/ou do poder econômico. A persecução penal, então, assume a função de controlar/eliminar essas indesejáveis, percebidas como inimigas, e, para tanto, recorre a "certezas" (por vezes, delirantes; por vezes, fruto de preconceitos) que os atores jurídicos pretendem difundir na sociedade, o que acaba por criar um clima paranoico que tem por objetivo "justificar" o desparecimento dos limites constitucionais e legais ao exercício do poder. Não por acaso, nos processos da inquisição voltados à caça às bruxas (leia-se: controle de mulheres), mais do que descobrir a verdade eticamente possível, buscava-se obter confissões e expor publicamente as pecadoras. Tem-se, então, o primado dessas certezas (portanto, de ordem subjetiva) em detrimento da análise racional das provas (elementos objetivos).

Importante lembrar que a paranoia é, mais do que um fenômeno estranho e distante ou uma "doença mental", uma possibilidade sempre presente. Dentre as características da paranoia, destaca-se a escolha de um inimigo, construído frequentemente de maneira exagerada, a partir da falsificação dos postulados de base da hipótese a que adere o paranoico. A hipótese torna-se uma certeza, uma convicção tão forte que independe dos fatos. Ocorre também uma espécie de projeção persecutória, uma vez que o paranoico passa a atribuir as distorções que produz e sua própria força destrutiva ao "inimigo" (por exemplo, os poderes mágicos da bruxa). As provas em sentido contrário à hipótese do paranoico, no lugar de desmentir, acabam por reforçar narrativas conspiratórias ou delirantes[5] (se a bruxa, após a tortura, não confessar é porque se trata de uma bruxa muito poderosa e deve ser queimada).

Na *lawfare*, portanto, é possível identificar um funcionamento psicótico/paranoico (e, também, machista) do sistema de justiça. A lei simbólica (a Constituição, os Códigos, a ética etc.) acaba substituída pela imagem que o ator jurídico, frequentemente condicionado pelo machismo, transformado em um soldado heroico na luta contra o inimigo (e de manutenção do privilégio do macho), faz da lei ou da justiça (a lei imaginária). Mas, não é só. A verdade é percebida como desnecessária

---

[5] Nesse sentido: ZOJA, Luigi. *Paranoïa*: la folie qui fait l'histoire. Paris: Les Belles Lettres, 2018, p. 45.

diante de quadros mentais marcados por "certezas", "convicções" e ideias relacionadas a um passado idealizado. O juiz-soldado, não raro, acredita que tem a missão de livrar o mundo dos inimigos, ainda que imaginários.

A *lawfare* é um fenômeno típico da racionalidade neoliberal e, em consequência, do projeto de governar Estados e pessoas em atenção aos interesses dos detentores do poder econômico. Hegemônico desde os anos 1980, ao ser difundido a partir da Inglaterra de Margaret Thatcher e dos Estados Unidos da América de Ronald Reagan (não sem antes ser testado no Chile de Augusto Pinochet), o neoliberalismo, mais do que uma teoria econômica (Mises, Hayek, Becker etc.) ou um modo de governar (como pensou Michel Foucault[6]), hoje, deve ser compreendido como uma racionalidade: um certo modo de ver e atuar no mundo que trata tudo e todos como objetos negociáveis na busca por lucro ou vantagens pessoais[7]. Surge, com ele, um novo imaginário e uma nova normatividade que se relacionam com novas maneiras de condicionar as ações humanas no interesse dos detentores do poder econômico, mesmo que para isso seja necessário reforçar e manipular antigos preconceitos, como o machismo. O Estado condicionado pela racionalidade neoliberal torna-se cada vez mais um mero instrumento de homologação dos interesses do detentor do poder econômico e de controle dos indesejáveis.

Nos últimos anos, o número de casos de *lawfare* tem apresentado notável crescimento em todo mundo. No lugar de impedir as eleições ou promover um golpe "duro" de Estado, é mais eficaz, e politicamente menos traumático, eliminar, através do sistema de justiça e com aparência de legalidade, os sujeitos políticos indesejáveis ou destituir um presidente através de um

---

[6] FOUCAULT, Michel. *Naissance de la biopolitique*: cours au Collège de France, 1978-1979. Paris: EHESS/Galimard/Seuil, 1979.

[7] Por todos: DARDOT, Pierre; LAVAL, Christian. *La nouvelle raison du mone*: Essai sur la société néolibérale. Paris: La Découverte, 2008.

procedimento aparentemente legal, como no caso da ex-presidenta Dilma Rousseff, analisado com cuidado por Soraia Mendes. Isso se deve, basicamente, às tentativas de manter as aparências de normalidade democrática, mesmo diante de práticas e finalidades típicas de regimes autoritários.

O novo livro de Soraia da Rosa Mendes, *Lawfare de gênero: violência processual, violência institucional e violência política contra as mulheres*, ao levantar e defender a hipótese de que o gênero funciona como um dos marcadores que levam à guerra jurídica, é uma contribuição fundamental ao pensamento crítico, comprometido com a ampliação de direitos, a redução da desigualdade e o fim da "necropolítica de gênero". Compreender o fenômeno da *lawfare*, reduzir a violência, desvelar o mito da neutralidade do sistema de justiça e superar a estrutura machista das instituições são fundamentais para qualquer projeto democrático de sociedade. Diante do atual contexto, ler a Soraia Mendes tornou-se uma exigência de abertura radical à hipótese de um mundo menos machista. Parabéns ao leitor que escolheu este livro para ler.

Rubens R R Casara
Juiz de Direito do TJRJ, Doutor em Direito e
Mestre em Ciências Penais. Professor universitário
e membro da Associação Juízes para a
Democracia e do Corpo Freudiano.

Sumário

Agradecimentos... VII
Prefácio... IX

Introdução.. 1
Disclaimer.. 7

Capítulo 1
A polissemia política conjuntural da *lawfare*
1.1. As primeiras menções ao termo "*lawfare*": Austrália, China e Estados Unidos... 12
1.2. A *lawfare* como estigmatização do exercício da advocacia na Colômbia... 24
1.3. A dualidade da *lawfare*: a experiência da África do Sul pós-*apartheid*... 31
1.4. O uso do termo "*lawfare*" no Brasil...................................... 39

Capítulo 2
Para compreender a *lawfare* de gênero
2.1. A construção da expressão e do conceito de *lawfare* de gênero.... 48
2.2. O sistema político como território de guerra: o processo de *impeachment* de Dilma Rousseff.. 54
2.3. A década das esposas: a retomada da pedagogia medieval e o autoritarismo em um ciclo ainda por concluir........................ 62

Capítulo 3
Lawfare de gênero: violência processual, violência institucional e violência política contra as mulheres
3.1. Mulheres "sobreviventes", "em situação" ou "vítimas" de violência? As razões políticas e jurídicas para o uso do termo "vítima" de violência de gênero.. 74
3.2. Violência contra as mulheres no exercício da advocacia.......... 78
  3.2.1. A violência processual (assédio moral) e o Tribunal de Ética e Disciplina (TED) como território de guerra........ 85

3.2.2. A *lawfare* de gênero e o direito internacional dos direitos humanos 95

3.2.3. A defesa das advogadas na Corte Interamericana de Direitos Humanos: o Caso Miembros de la Corporación Colectivo de Abogados "José Alvear Restrepo" – CAJAR *vs.* Colombia 109

3.4. Violência institucional, a retórica do segredo judicial e o judiciário como território de guerra 119

3.5. Violência política: *lawfare* de gênero, democracia e necropolítica de gênero 131

3.5.1. A retórica do decoro e o parlamento como território de guerra 136

3.5.2. A (re)definição de direitos políticos para as mulheres e o alcance dos crimes contra o Estado Democrático de Direito 138

Uma palavra final 147
Referências 149

Introdução

Há mais de uma década venho escrevendo sobre o que identifiquei e nominei ser um sistema de custódia definindo-o como o conjunto de tudo o quanto se faz para reprimir, vigiar e encerrar (em casa ou em instituições totais), mediante a articulação de mecanismos de exercício de poder do Estado, da sociedade, de forma geral, e da família. Ou seja, sobre um *modus operandi* patriarcal que, também utilizando-se do direito e da práxis procedimental, do medievo até os dias atuais serviu/serve para legitimar a criminalização e/ou vitimização das consideradas "inimigas".

A expressão "*lawfare* de gênero" foi criada por mim e Isadora Dourado no artigo intitulado "*Lawfare* de gênero: o uso do direito como arma de guerra contra mulheres", publicado em fevereiro de 2022, no portal da *Agência Patrícia Galvão*. E, ao nomearmos o fenômeno que identificamos enquanto tal, não demorou muito para que essa expressão fosse incorporada ao vocabulário surtindo o efeito que todas as categorias teóricas feministas, politizadas que são, surtem: tornar-se uma bandeira de lutas.

Pouco depois, de modo mais específico, quando da publicação da 3ª edição do meu *Criminologia feminista: novos paradigmas* (originalmente publicado em 2014 pela Saraiva Educação), com estudos mais aprofundados, conceituei a *lawfare* de gênero como sendo "a dimensão instrumental do patriarcado na qual o direito (por uso ou o abuso) converte-se em arma e os diferentes sistemas (judiciário, administrativo, disciplinar e político), em território de guerra onde, por meio do processo, toda e qualquer forma de violência de gênero é admitida para os fins de silenciar e/ou expulsar as mulheres da esfera pública em qualquer âmbito e independente do lugar que ocupam"[1].

Como aqui se verá, "*lawfare*" é um termo politicamente polissêmico, de maneira que sua utilização nunca será, como demonstrarei, desprovida de escolhas ideológicas a depender de quem aponta ou é apontado como "inimiga" ou "inimigo". Assenhorar-se da expressão e adjetivá-la com o vocábulo "gênero", portanto, também para mim, como feminista, foi uma decisão política.

Entendo os sistemas (judiciário, político, administrativo e disciplinar) que menciono no conceito como territórios de guerra ou, quiçá, como cenários[2] onde as ações da trama social e política se desenvolvem. *Loci* onde estão sendo travadas lutas políticas contra a violência e o retrocesso nos direitos de participação na esfera pública das mulheres.

No primeiro capítulo, apresento à leitora e ao leitor um amplo panorama que vai desde as primeiras menções à *lawfare* na Austrália, na China e nos Estados Unidos; que passa por seu uso para a estigmatização do exercício da advocacia na Colômbia e também sobre a concepção dual que a ela é atribuída a partir da experiência da África do Sul pós-*apartheid*; até chegar ao uso do termo no Brasil.

Tudo isso me permite demonstrar e afirmar a polissemia política conjuntural da *lawfare* a encerrar uma multiplicidade de sentidos. E a expressão "*lawfare* de gênero" é um deles.

No segundo capítulo, adentrando o sentido político da *lawfare* de gênero, me dedico a demonstrar o sistema político

---

[1] MENDES, Soraia. *Criminologia feminista*: novos paradigmas. 3. ed. São Paulo: Saraiva, 2023, p. 140.

[2] Como leciona Betinho, "cada cenário apresenta particularidades que influenciam o desenvolvimento da luta e muitas vezes o simples fato de mudar o cenário já é uma indicação importante de mudança no processo. A capacidade de identificar os cenários onde as lutas vão se dar é um fator de vantagem importante"(SOUZA, H. J. (Betinho). *Como se faz análise de conjuntura*. 34. ed. Petrópolis: Vozes, 2014, p. 11).

como território de guerra (ponto ao qual retorno no final do terceiro capítulo) a partir do processo de *impeachment* da ex--Presidenta Dilma Rousseff para demarcar o início do que denomino ser a "década das esposas".

Um período de tempo ainda não encerrado que se inicia em 2016 com a retomada da pedagogia medieval e do autoritarismo. Por tratar-se de um ciclo ainda por concluir, desde já sinalizo meu compromisso com a leitora e o leitor de retornar a este texto para uma segunda edição, oxalá, ao final do ano de 2026.

Por fim, no terceiro capítulo em um mergulho ainda muito mais profundo, busco refletir, debater e até mesmo reconceituar as formas mais flagrantes pelas quais a *lawfare* de gênero se expressa para os fins de silenciar e/ou eliminar as mulheres da esfera pública. São elas: a violência processual, a violência institucional e a violência política contra as mulheres.

Em primeiro lugar, começo apontando as razões políticas e jurídicas para minha opção de uso do termo "vítima" de violência de gênero e não das expressões mulheres "sobreviventes", ou "em situação" de violência. Penso que, de certo modo, há algum tempo essa definição precisava ser claramente expressa em minhas obras. E aqui ela encontrou sua melhor hora.

Na sequência me dedico, a partir da hermenêutica dos direitos humanos, a analisar e, como disse, em alguns casos, a redefinir as expressões "violência processual", "violência institucional" e "violência política". Cada uma delas com o objetivo claro de tornar palpável e útil o conceito de *lawfare* de gênero para os fins de proteção e garantias de direitos das mulheres que atuam na esfera pública.

Tenho dito e repetido que não há mais eficiente meio de perpetuar violências contra as mulheres do que calar a voz das que as defendem, por isso começo pela violência processual (que demandará uma redefinição do assédio moral inserido no Estatuto da Advocacia pela Lei n. 14.612/2023), tratando do direito ao exercício da advocacia pelas mulheres a partir de casos emblemáticos. Dois deles destacados quando trato do

Tribunal de Ética e Disciplina (TED) como território de guerra e analiso o caso brasileiro de *lawfare* de gênero que levamos ao sistema interamericano de direitos humanos; e registro a defesa das advogadas a partir do Caso Miembros de la Corporación Colectivo de Abogados "José Alvear Restrepo" – CAJAR *vs.* Colômbia, neste ano de 2024, julgado pela Corte Interamericana de Direitos Humanos.

A seguir, o tema da violência institucional, além de me propiciar tecer uma crítica aos limites estreitos da norma que a define e a propor sua ampliação, também me deu a oportunidade de tratar do que denomino ser a "retórica do segredo" judicial e o judiciário como território de guerra. Tema este, em certo aspecto, poucos dias antes do encerramento desta obra, disciplinado na Lei n. 14.857, de 21 de maio de 2024.

Por fim, para encerrar o capítulo, trago o sistema político novamente à baila, para tratar da violência política. Primeiro demonstrando a macabra relação entre *lawfare* de gênero, democracia e necropolítica de gênero. E segundo para contribuir com o que denomino de retórica do decoro e com a ampliação da definição de direitos políticos para as mulheres a serem abarcados no âmbito dos crimes contra o Estado Democrático de Direito.

A escrita que aqui apresento decorreu de um honroso convite formulado pela Saraiva Educação, inicialmente para uma publicação exclusivamente voltada à violência processual. Sem embargo, foi renovada a honra ao ver o projeto que propus para a produção desta obra mais abrangente ser aprovado pelo conselho editorial.

Uma tarefa cumprida, como disse anteriormente, graças aos longos anos de estudo sobre o sistema de custódia, às reflexões compartilhadas com Isadora Dourado que resultaram na nomenclatura que cunhamos e, também, pela pesquisa intitulada "*Lawfare* de gênero: a necessária e urgente construção de um protocolo para a atuação ética e profissional de integrantes da advocacia sob a perspectiva de gênero a partir da pesquisa nacional para identificação de casos de violência de gênero contra advogadas em razão do exercício da profissão", que fiz questão fosse parte integrante, na íntegra, como material suplementar desta obra e cuja coordenação-geral coube a mim, em um projeto registrado com o CNPq pelo grupo de pesquisa Carmim – Feminismos Jurídicos, vinculado ao Programa de Pós-Graduação em Direito da Universidade Federal de Alagoas (Ufal), sob a liderança da professora Dra. Elaine Pimentel.

Espero muito que esta obra cumpra a missão que todos os escritos feministas carregam consigo: partir das experiências das mulheres, produzir conhecimento teórico e voltar à práxis para transformar realidades. Para tanto, vale advertir que tudo o aqui escrito também cumpre a tarefa de realizar uma análise política profunda sobre democracia e guerra às mulheres. O que implica dizer que aqui não há *essencialismos*.

Nem todas as mulheres, ainda que referidas no plural, estão no campo de batalha. É preciso saber identificar quem verdadeiramente veste a armadura, pois a existência das que lutam depende disso.

Identificada, nominada e conceituada, a *lawfare de gênero* não pode ser despida de sua função transformadora da realidade. Ou que, mediante o esvaziamento de seu conteúdo, seja apropriada (como tantas outras expressões cunhadas pelo conhecimento feminista vêm sendo) pelo poder patriarcal, diga-se, muitas vezes apoiado por mulheres que dele se servem para manter os lugares de poder subalternos, mas privilegiados, que ocupam.

Disclaimer

Não troco meu oxente pelo ok de ninguém.

(Ariano Suassuna)

A primeira vez que ouvi falar em *lawfare*, ou melhor dizendo, em "guerra jurídica" (como também se escreve em espanhol) foi em 2002, quando cheguei a Bogotá em uma missão internacional de acompanhamento de manifestações que denunciavam gravíssimas violações de direitos humanos ocorridas em todo o território colombiano.

Naquele tempo, havia se tornado lugar-comum que o recém eleito Presidente Álvaro Uribe rotineiramente viesse a público e apontasse todas as ações em defesa de direitos humanos empreendidas por advogadas e advogados como "guerra jurídica".

Como veremos nesta obra, "*lawfare*" é um termo politicamente polissêmico, posto que usado para descrever um método de atuação que utiliza o Direito como arma de guerra em diferentes contextos como os que se poderá observar na Austrália, China, Estados Unidos, Colômbia, África do Sul e Brasil.

Trata-se de um fenômeno grave e que exige estudos aprofundados, mas que poderia (e deveria!) ser no Brasil identificado pela expressão que a língua portuguesa oferece, qual seja: guerra jurídica. E, como tal, descrito no feminino.

Não me furtarei à rebeldia de a ela me referir com essa designação de gênero.

Contudo, não entendo que seja tempo de nadar contra a corrente sudestina que a batizou com uma tão desagradável aos ouvidos, à pronúncia e à compreensão expressão em inglês em detrimento de nosso belo e rico idioma.

Precisamos escolher nossas batalhas.

Não que lutar por nosso idioma não valha a pena. Vale muito. Mas, penso que no presente contexto social e político precisamos, nós feministas, canalizar nossas forças à garantia de nossa própria existência. São tempos difíceis os pelos quais passamos.

Enfim... que falemos, então, sobre "a" *lawfare*. Mas, sem esquecer jamais de Ariano Suassuna que dizia não trocar seu "oxente" pelo "ok" de ninguém.

1

A polissemia política conjuntural da *lawfare*

O que ao longo da história nos foi apresentado como Estado-nação moderno "foi erguido sobre um andaime de legalidades"[1]. Com essa feliz metáfora entre o arquitetônico e o jurídico, o professor John Comaroff e a professora Jean Comaroff nos mostram o quanto, em verdade, desde a Antiguidade Clássica, como na Grécia descrita por Hannah Arendt, em *A Condição Humana*[2], as leis eram como o "muro" ao redor da cidade.

Desde a desmontagem do muro que marcou o fim da Guerra Fria – e, com isso talvez, o monopólio ideológico sobre o político exercido pelo Estado-Nação moderno – a lei tem sido ainda mais fetichizada, mesmo quando, na maioria das pós colônias, muros cada vez mais altos são construídos para proteger os proprietários da ilegalidade, mesmo quando a linguagem da legalidade se insinua cada vez mais no reino do ilícito[3].

"*Lawfare*" é um termo politicamente polissêmico, de modo que, tal como os Comaroffs o apresentam em relação ao colonialismo, ele também significa, por exemplo, a necessária responsabilização do governo britânico pelos

atos de atrocidade indescritível em suas "possessões" africanas (D. Anderson 2005; Elkins 2005), por ter matado líderes locais a seu bel-prazer e por ter alienado ilegalmente território de um povo africano para outro[4].

---
[1] SOUZA, H. J. (Betinho). *Como se faz análise de conjuntura*. 34. ed. Petrópolis: Vozes, 2014, p. 22.
[2] ARENDT, Hannah. *A condição humana*. Rio de Janeiro: Forense Universitária, 2000.
[3] *Idem*, p. 22.
[4] *Idem*, p. 29.

Em um país no qual durante longo período a violência autorizada (legal e até constitucional) foi uma das características marcantes de sustentação do sistema socioeconômico de modo a vitimar quatro milhões de pessoas negras escravizadas, falar em *lawfare* (ainda que contemporaneamente) deveria sempre exigir um parágrafo introdutório.

Ao longo de 40 anos, entre 1811 e 1831, somente pelo Cais do Valongo, na região portuária da cidade do Rio de Janeiro, passaram cerca de um milhão de africanos e africanas, o que o tornou o maior porto receptor de escravizados do mundo. E é nesse berço de coisificação, demonização e posterior criminalização que foram embalados o Código Criminal de 1830, o Estatuto de 1890, a Codificação de 1940 e, por consequência, todas as modificações por ele já sofridas.

Alvarez, Salla e Souza, em estudo no qual se dedicam a compreender o advento do Código Penal de 1890, registram as duras críticas feitas à novel codificação e as diversas propostas de reformulação ou substituição do Código que atravessaram toda a Primeira República. Segundo os autores,

> apenas três anos após a edição do Código, já era proposta sua reformulação na Câmara dos Deputados. E apenas alguns anos depois, o jurista Aurelino Leal, que posteriormente seria chefe de polícia na Capital Federal, dedica todo um livro a demonstrar que a legislação penal republicana havia adotado dispositivos jurídicos que eram verdadeiros "germens do crime", pois estimulavam a criminalidade ao invés de combatê-la. Baseado nas teorias da escola positiva, Leal aponta uma extensa lista destes "germens", presentes na legislação penal recém-promulgada: a manutenção do júri, a prescrição dos crimes, a fiança, a divisão da ação penal em pública e privada, a anistia, a graça, o perdão do ofendido, o livramento condicional, a impunidade do mandante, a reincidência e as nulidades processuais (Leal, 1896)[5].

---

[5] ALVAREZ, M. C.; SALLA, F.; SOUZA, L. A. F. A sociedade e a lei: o Código Penal de 1890 e as novas tendências penais na Primeira República. *Núcleo de Estudos da Violência da Universidade de São Paulo*. Disponível em: https://www.nytimes.com/2011/05/17/opinion/17abbas.html. Acesso em: 15 jun. 2024.

Como nos ensinou o professor Silvio Almeida, o racismo é um elemento que faz parte do próprio modo com que ao longo da história se estruturaram as relações sociais no Brasil, de modo que não é possível compreender o Estado e a sociedade brasileira, em seus aspectos políticos, econômicos e até mesmo jurídicos, sem que a análise tenha essa dimensão[6].

De outro lado, como também aprendemos com a professora Marilena Chauí, a sociedade brasileira padece de um autoritarismo estrutural, fundado no mesmo modelo do núcleo familiar, e marcado por uma recusa tácita (ainda que algumas vezes explícita) de efetivação do princípio liberal da igualdade formal e pela incapacidade de sequer lutar pelo princípio da igualdade real[7].

Almeida demonstra que o racismo não é um ato ou um conjunto de atos, ou que menos ainda se condensa como um fenômeno restrito às práticas institucionais. O racismo é, acima de tudo, um processo histórico e político em que as condições de subalternidade ou de privilégio de sujeitos racializados é estruturalmente reproduzida. O racismo, assim, é decorrência da própria estrutura social, "do modo 'normal'" com que se constituem as relações políticas, econômicas, jurídicas e até familiares.

E, por sua vez, a professora Chauí nos diz com clareza que "as diferenças são postas como desigualdades e, estas, como inferioridade natural (no caso das mulheres, dos trabalhadores, dos negros, índios, migrantes, idosos) ou como monstruosidade (no caso dos homossexuais)"[8].

Do outro lado do oceano, a partir da perspectiva das vítimas do colonialismo, em relação ao ocorrido em África, escrevem os Comaroffs que é não é somente a política do presente que está em jogo. Segundo o autor e a autora:

---

[6] ALMEIDA, Silvio. *O que é racismo estrutural?* Belo Horizonte: Letramento, 2018.
[7] CHAUÍ, Marilena. *Cultura e democracia*: o discurso competente e outras falas. São Paulo: Cortez, 2007.
[8] *Idem*, p. 354.

o imperialismo está sendo indiciado, acima de tudo, é por sua prática de *lawfare*: seu uso de suas próprias regras – de seus códigos penais devidamente promulgados, sua lei administrativa, seus estados de emergência, suas cartas e mandatos e mandados, suas normas de engajamento – para impor um senso de ordem sobre seus subordinados por meio de violência tornada legível, legal e legítima por sua própria palavra soberana. E também para cometer suas próprias formas sempre tão civilizadas, paternalistas, e nobres de cleptocracia[9].

Compreender (e/ou aceitar) que o colonialismo e a segregação racial que a ele é intrínseca, assim como o patriarcado, devam estar o centro do debate político na maioria das vezes não é algo bem recebido mesmo entre pensadores e pensadoras progressistas que, não raro, tendem a estigmatizar como meramente "identitárias" todas as experiências e as contribuições político-filosóficas que tomam as relações de raça e o patriarcado como estruturais. Daí porque a razão desse registro inicial.

1.1. As primeiras menções ao termo *"lawfare"*: Austrália, China e Estados Unidos

Ainda em 1975, John Carlson e Neville Yeomans, segundo consta, teriam sido os pioneiros a usar o termo *"lawfare"* no artigo "Whither Goeth the Law – Humanity or Barbarity"[10].

Em uma defesa de métodos de resolução de conflitos por meio da mediação (diga-se, contudo, em um peculiar paralelo com o Direito Canônico administrado pela Igreja e pelos tribunais eclesiásticos no qual a confissão, o perdão, a paz e a lei de santuário e proteção faziam parte da justiça e das leis humanas), os autores buscam diferenciar o que seria a lei humanitária e a lei utilitária.

---

[9] COMAROFF, Jean; COMAROFF, John L. Law and Disorder in the Postcolony: an Introduction. In: COMAROFF, Jean; COMAROFF, John L. (ed.). *Law and Disorder in the Postcolony*. Chicago: University Of Chicago Press, 2006, p. 29-30.

[10] CARLSON, John; YEOMANS, Neville. Whither Goeth the Law – Humanity or Barbarity. In: SMITH, M. & CROSSLEY, D. (ed.). *The Way Out – Radical Alternatives in Australia*. Melbourne: Lansdowne Press, 1975.

A lei humanitária seria a preocupada com as normas da comunidade, da mediação, das relações familiares, do bem-estar da saúde, da educação e da cultura. E, por sua vez, a lei utilitária seria a lei do Estado, da ordem, dos negócios, da guerra, do contrato e do crime. De acordo com os autores, seria "a lei da implacabilidade, da retaliação e da punição".

Ao longo de dois séculos, esta última, a lei utilitária, foi a que, como dizem eles, dominou de forma única o mundo ocidental. Uma hegemonia esmagadora que teria eliminado a justiça humana da lei humanitária, dando ensejo ao monopólio estatal da elaboração das leis e à substituição da busca pela verdade pela classificação de questões e pelo refinamento do combate.

O tom da crítica que Carlson e Yeomans fazem ao sistema acusatório em contraposição ao sistema inquisitorial, ainda que, por óbvio, considerada distância que separa o sistema de *Civil Law* que conhecemos da *Common Law* australiana, permitiria muitas outras reflexões. O que, desafortunadamente ou não, não cabem neste texto.

Entretanto, o que vale apontar é que é neste cenário narrativo donde é sacada a repetida frase considerada a precursora no uso da expressão que tratamos neste livro: "A *lawfare* substitui a guerra e o duelo é travado com palavras em vez de espadas".

Distante da literalidade da definição de "espada", para os autores o que verdadeiramente se colocou em jogo a partir da Revolução Industrial é a contraposição entre uma espécie de "lei comunitária" preocupada com a harmonia, a paz e o amor; e uma "lei societária" dedicada à realização da justiça (em termos estritos) e baseada na racionalidade.

De acordo com os autores, pela "lei comunitária", as pessoas são tratadas como sujeitos, enquanto na "lei societária", o são como objetos. Em uma o objetivo é humanitário, flexível e intuitivo, na outra, utilitário, certo e lógico. Naquela, a humanidade simpática, a virtude e a decência são cultivadas; mas, nesta, a razoabilidade, a eficiência e o interesse próprio legítimo. Nas palavras dos autores:

Na China e na Coreia, a primeira [lei comunitária] era o código confucionista de propriedade, o *li*, guiado pelo *Tao* ou Caminho. A última [lei societária] era o *fa*, semelhante ao Direito Comum da Coroa Inglesa. A pessoa que se comportava decentemente apenas por medo de punição era considerada incivilizada e "típica, subumanidade bárbara"; enquanto aquele que buscava implacavelmente seus direitos legais era insensível e carecia de virtude.

Outra referência proêmia ao significado de *lawfare* está no livro *Unrestricted Warfare*[11], de autoria de Qiao Liang e de Wang Xiangsui[12], em 1999.

Escrito no final dos anos 1990, quando a rede mundial de computadores já era uma realidade, mas muito longe do que hoje conhecemos, os dois oficiais chineses, na época, já descreviam as quatro formas de guerras que os Estados Unidos entendiam ser adotadas no futuro. Seriam elas: a) guerra cibernética; 2) guerra de precisão; 3) as operações combinadas; e d) as outras operações militares para além da guerra, ou "Military Operations Other Than War – MOOTW".

De todas as espécies apontadas, o que haveria de verdadeiramente criativo seria a concepção das MOOTW que abarcariam, por exemplo, as intervenções estadunidenses em conflitos internos em outros países e tudo o mais quanto fazem ao redor do mundo supostamente em nome da manutenção da paz, do combate ao tráfico de drogas, de apoio humanitário ou do combate ao terrorismo.

Embora já muito elástico em termos geopolíticos, mais recentemente, em elação ao que se compreende por MOOTW, é o conceito de "Operações de Guerra Não Militares", o que mais nos interessa analisar.

---

[11] É somente na versão estadunidense publicada em 2004 que a obra recebe o aterrorizante subtítulo: "China's Master Plan to Destroy America" com o qual passa a ser difundida.
[12] LIANG, Qiao; XIANGSUI, Wang. *Unrestricted Warfare*: China's Master Plan to Destroy America. Beijing: PLA Literature and Arts Publishing House, 1999.

De um lado, a definição de MOOTW pode ser considerada como pontualmente a designação para o cumprimento de missões e operações realizadas por Forças Armadas quando não há um estado de guerra declarado. De outro lado, todavia, o conceito de "Operações de Guerra Não Militares" amplia o entendimento do que é uma guerra a todos os campos da atividade humana, de modo a englobar como aceitáveis quaisquer meios que sirvam para alcançar os seus objetivos traçados.

É nesse contexto teórico que pode ser assimilado um variado conjunto de meios e métodos que poderiam, segundo os autores, serem empregados nas chamadas "Operações de Guerra Não Militares". Uma espécie de "combo" em que estão incluídas, entre outras citadas pelos autores[13]:

a) a guerra de comercial, que pode ser descrita pela imposição da legislação comercial interna em âmbito internacional, pelo estabelecimento ou eliminação arbitrária de barreiras tarifárias, pela adoção de sanções comerciais; pela imposição de embargos à exportação de tecnologias etc.;

b) a guerra financeira, na qual grupos transnacionais poderosos, cujos ativos por vezes igualam-se às riquezas de países, jogam papel fundamental para controlar a mídia, subsidiar organizações políticas (não raro de extrema direita) com o fim de limitar a capacidade de atuação das autoridades nacionais, provocar o colapso na ordem nacional, bem como a queda de governos legalmente estabelecidos;

c) a guerra de midiática, intrinsecamente ligada às anteriores, mediante a qual a "opinião publicada", perverte a formação livre da "opinião pública"[14];

d) a guerra nas redes sociais, pela divulgação de *fake news*, controle sobre a identidade de pessoas etc.; e

---

[13] Considerada a distância que separa no tempo essa publicação e o escrito por Qiao Liang e de Wang Xiangsui entendi por bem, sem deturpar o significado original das exemplificações por eles apresentadas, fixar-me mais na nomenclatura por eles proposta para algumas formas de guerra enquanto "Operações de Guerra Não Militares" do que na literalidade das definições feitas por eles.

[14] Sobre o sentido habermasiano de opinião pública, ver MENDES, Soraia. *Esfera pública e direitos fundamentais*: estudos sobre a liberdade de comunicação. Passo Fundo: Ifibe, 2008.

e) a guerra de legislação internacional, perceptível quando, aproveitando-se das ocasiões mais oportunas, são impostas novas regras e normas de interesse dos países dominantes.

A tipologia das guerras no espectro das "Operações de Guerra Não Militares" é ampla. De modo que não me parece útil tratar de forma exaustiva um rol que eles próprios já anteviam que seria meramente ilustrativo.

Entretanto, deixo desde já alertado que, de todas as formas de guerra nominadas pelos autores (repito, no final dos anos 1990) penso que seja, na contemporaneidade, a concepção de guerra cultural a que mais contribui para refletir sobre a *lawfare* de gênero, tema sobre o qual tratarei de modo aprofundado no próximo capítulo.

Por ora, ainda buscando aqui demonstrar a multifária origem contemporânea do que se pode compreender por *lawfare*, cabe encerrar as considerações sobre o precursor trabalho de Qiao Liang e de Wang Xiangsui concordando com ambos sobre o que há de mais significativo em suas investigações, isto é: a conclusão de que a diversidade de meios possíveis de serem empregados ampliou o conceito de guerra de modo a abarcar muito mais do que simplesmente o uso da força das armas, para obrigar o inimigo a aceitar a nossa vontade.

De fato, hoje, quem guerreia está muito mais preocupado em usar todos os meios disponíveis para obrigar o inimigo a atender seus interesses, sejam eles provenientes ou não do poder militar.

Dando sequência ao inventário histórico do termo "*lawfare*", nove entre dez textos publicados em livros, revistas especializadas e mesmo em *sites* e artigos de opinião jurídica fazem referência à utilização pioneira do termo "*lawfare*" por Charles Dunlap Jr. no artigo "Law and Military Interventions: Preserving Humanitarian Values in 21st Conflicts"[15], no ano de 2001. Um

---

[15] DUNLAP JR., Charles J. *Law and Military Interventions*: Preserving Humanitarian Values in 21st Conflicts. Humanitarian Challenges in Military

texto que vale ser lido em conjunto com outro do mesmo autor chamado "Lawfare Today... and Tomorrow"[16], publicado em 2011. Dunlap Jr., Major-General da Força Aérea estadunidense aposentado desde 2010, no artigo que apresenta no começo dos anos 2000, coloca no centro do debate militar as seguintes questões:

> A "lawfare"[17] está transformando a guerra em algo injusto? Em outras palavras, o direito internacional está minando a capacidade dos Estados Unidos de conduzir intervenções militares eficazes? Está se tornando um meio para explorar os valores americanos de maneiras que realmente aumentam os riscos para os civis? Em resumo, o direito está se tornando mais um problema na guerra moderna em vez de parte da solução?

Dentre as respostas a essas questões está, segundo ele, o fato de que o direito internacional passou a tomar proeminência em razão da vontade da comunidade mundial (como ele ressalta, especialmente do Ocidente) de usar o direito para prevenir conflitos por completo ou, na ausência disso, tornar a condução da guerra o mais humana possível.

Um desejo de longa data fundado na experiência trágica da Segunda Guerra Mundial, a partir da qual surgiram documentos, tais como a Convenção de Genebra (1949), que hoje formam o núcleo do Direito Internacional dos Conflitos Armados (LOAC, na sigla em inglês).

Somente para que se entenda contra o quê, em síntese, o autor se contrapõe em seu texto, vale lembrar que o Direito

---

Intervention Conference Carr Center for Human Rights Policy Kennedy School of Government, Harvard University Washington, D.C., November 29, 2001. Disponível em: https://people.duke.edu/~pfeaver/dunlap.pdf. Acesso em: 15 jun. 2024.

[16] DUNLAP JR., Charles J. Lawfare Today... and Tomorrow. In: *International Law and the Changing Character of War 315-325* (Raul A. "Pete" Pedrozo & Daria P. Wollschlaeger eds., 2011). *US Naval War College International Law Studies*, v. 87, 2011. Disponível em: https://scholarship.law.duke.edu/cgi/viewcontent.cgi?article=3090&context=faculty_scholarship. Acesso em: 15 jun. 2024.

[17] Aqui, por razões óbvias, não traduzido como "guerra jurídica", o que seria o caso, como defendi no *Disclaimer* desta obra.

Internacional Humanitário se divide em dois ramos: o Direito de Haia e o Direito de Genebra.

Haia, também chamado de Direito dos Conflitos Armados, regula a condução das hostilidades e a imposição de limites aos meios de fazer a guerra; e suas normas se vinculam às ideias de necessidade, interesse militar e conservação do Estado. Genebra, por sua vez, também conhecido por Direito Humanitário Bélico, põe atenção nas vítimas dos conflitos armados e se baseia no ser humano e nos princípios de humanidade.

Essa a "ideia"[18] – reitero eu, contida no campo maior do Direito Internacional Humanitário – contra a qual o autor se insurge e que, segundo ele, chega aos anos 2000 ainda mais fortalecida em razão do fenômeno da globalização.

    A globalização elevou o *status* do direito em geral, se não por outro motivo além da necessidade de certeza em transações comerciais internacionais. Da mesma forma, o comércio mundial requer fóruns administrativos e judiciais internacionais para resolver disputas contratuais, de propriedade intelectual e similares. Onde o direito está ausente, também estão ausentes investidores e outros necessários para o desenvolvimento econômico. Mesmo sociedades repressivas reconhecem que precisam abraçar o direito em suas relações com outros países se esperam obter os benefícios da modernidade[19].

Outro fator que Dunlap Jr. apontava como influente para o reforço do Direito Internacional dos Conflitos Armados era o que ele chamava de "revolução da informação". Na ótica do autor:

    Ela [a revolução da informação] gerou organizações de notícias globais de alta tecnologia que entregam rapidamente informações – incluindo imagens gráficas de guerra – para públicos em todo lugar.

---

[18] DUNLAP JR., Charles J. *Law and Military Interventions*: Preserving Humanitarian Values in 21st Conflicts. Humanitarian Challenges in Military Intervention Conference Carr Center for Human Rights Policy Kennedy School of Government, Harvard University Washington, D.C., November 29, 2001, p. 3. Disponível em: https://people.duke.edu/~pfeaver/dunlap.pdf. Acesso em: 15 jun. 2024.
[19] *Idem*.

Isso é particularmente importante quando considerado em conjunto com outro atributo da era da informação: a disseminação da democracia. Moldadas por imagens brutais de notícias, as percepções públicas de como os conflitos estão sendo travados afetam significativamente as intervenções militares[20].

[...]
A velocidade da capacidade de comunicação de hoje apresenta desafios reais para democracias, bem como para governos que, se não democráticos no sentido ocidental, ainda dependem do apoio de eleitores que têm acesso a fontes de informação globalizadas. Quando a televisão transmite filmes quase em tempo real e não filtrados do que parece ser violações do LOAC, isso gera complicações[21].

Como se pode perceber o Direito e a disseminação da informação nas democracias passaram a ser um problema para as guerras. Em verdade, como em menos de duas décadas mais tarde se poderá verificar com ainda maior clareza, a própria democracia passará a ser o real problema para quem deseja dominar. Por sinal, sobre este último aspecto, vale observar que, para Dunlap Jr., as "inclinações pacifistas e de esquerda de muitas ONGs"[22] seriam um problema a ser considerado pelos Estados Unidos, pois, em suas palavras:

> devemos reconhecer francamente que há um elemento inegável de antiamericanismo no direito internacional conforme ele se desenvolve hoje. Riviken e Casey argumentam de forma bastante convincente que "o ímpeto no direito internacional hoje vem tanto de nossos aliados quanto de nossos adversários, que escolheram usá-lo como um meio de controlar, ou pelo menos canalizar, o poder americano". Isso pode ser a verdadeira razão para a crítica incessante das posições dos EUA que marca grande parte do debate na comunidade jurídica internacional[23].

---
[20] *Idem.*
[21] *Idem.*
[22] *Idem.*
[23] *Idem.*

É a partir dessas premissas que Dunlap Jr. propõe que se compreenda a *lawfare* como um método de guerra em que a lei é usada como um meio de alcançar um objetivo militar utilizado contra os Estados Unidos por seus inimigos.

> Existem muitas dimensões para a "lawfare", mas uma cada vez mais abraçada pelos oponentes dos EUA é uma manipulação cínica do Estado de Direito e dos valores humanitários que ele representa. Em vez de buscar vitórias no campo de batalha em si, os desafiantes tentam destruir a vontade de lutar minando o apoio público, que é indispensável quando democracias como os EUA conduzem intervenções militares. Uma maneira principal de alcançar esse fim é fazer parecer que os EUA estão travando guerra em violação à letra ou ao espírito do LOAC.

Referindo-se à Carl von Clausewitz[24], o autor relembra a chamada "trindade notável" entre o povo, o governo e o exército. Segundo Clausewitz, a vitória em uma guerra dependeria da combinação desses três elementos. Para Dunlap Jr., os inimigos da América concentram-se em desestabilizar o povo e, com isso, diminuir a força do apoio dele ao esforço militar.

Para ele a maior prova de que essa estratégia pode funcionar, e que os inimigos dos EUA desejam replicar, está no ocorrido na Guerra do Vietnã, em que, como diz o autor, as forças estadunidenses nunca sofreram uma verdadeira derrota militar. Referindo-se à "guerra contra o terror", Dunlap Jr. escreve:

> Claro, eles esperam usar o ciclo de notícias acelerado de forma muito mais rápida e a um custo muito menor do que os vietnamitas. Se eles conseguirem fazer o eleitorado americano acreditar, como Reisman e Antoniou colocam, que a "guerra está sendo conduzida de maneira injusta, desumana ou iníqua", o apoio público necessário pode desmoronar. Mesmo que a opinião pública dos EUA seja firme – como parece ser no que diz respeito à atual guerra ao terrorismo – a cooperação dos governos de coalizão ainda pode enfraquecer se seu povo se desencantar com a maneira como a força armada está sendo

---

[24] Militar prussiano, autor da obra inacabada *Da Guerra* (1832).

usada. Isso é especialmente problemático para a Força Aérea se resultar na negação de direitos vitais de bases e sobrevoo[25].

Em suas exatas palavras:

> Os inimigos da América, que estudam tais casos, podem tirar deles uma lição a ser imitada, ou seja, capitalizar de forma insensível sobre incidentes de danos colaterais. Como sugerido anteriormente, o objetivo deles é ganhar vantagem política retratando as forças dos EUA como insensíveis ao LOAC e aos direitos humanos. Para ser franco, pessoalmente, acho que ao exagerar nas armas de precisão e outras capacidades de alta tecnologia, a Força Aérea dos EUA inadvertidamente se tornou vulnerável a essa mesma estratégia. Infelizmente, oponentes sem restrições éticas humanitárias agora levam a estratégia para o próximo nível, orquestrando situações que deliberadamente colocam em perigo não combatentes[26].

Como visto, a democracia, a informação e a guerra jurídica (*lawfare*) ancorada no direito internacional humanitário são pedras no caminho na visão de Dunlap Jr. e outros pensadores estadunidenses.

Não é com outro sentido que, em 2016, Orde Kittrie (este, por sua vez, citado por "dez em cada dez" autores como o patriarca do conceito de *lawfare*) tenha escrito de modo explícito em seu livro *Lawfare: law as a Weapon of War*[27] que a Autoridade Palestina travava no cenário internacional uma guerra jurídica (*lawfare*) contra o Estado de Israel.

Segundo esse autor, o conflito israelense-palestino "é o que mais se assemelha a um laboratório de guerras jurídicas no mundo"[28]. Para ele:

---

[25] DUNLAP JR., Charles J. *Law and Military Interventions*: Preserving Humanitarian Values in 21st Conflicts. Humanitarian Challenges in Military Intervention Conference Carr Center for Human Rights Policy Kennedy School of Government, Harvard University Washington, D.C., November 29, 2001, p. 4-5. Disponível em: https://people.duke.edu/~pfeaver/dunlap.pdf. Acesso em: 15 jun. 2024.
[26] *Idem*, p. 5.
[27] KITTRIE, Orde F. *Lawfare*: law as a weapon of war. New York: Oxford University Press, 2016.
[28] *Idem*, p. 197.

Assim como a Guerra Civil Espanhola serviu como campo de testes para armas e táticas subsequentemente usadas na Segunda Guerra Mundial, o conflito israelense-palestino está antecipando estratégias e táticas de guerras jurídicas que em breve serão replicadas em outros conflitos[29].

Kittrie dedica nada menos do que quatro capítulos de seu livro para demonstrar como a Autoridade Palestina usa a lei "como arma contra Israel e nas respostas daquele Estado e de seus aliados a essa guerra jurídica"[30].

No Capítulo 5, por exemplo, o autor dedica-se ao que ele chama de "notável impacto" da campanha levada a cabo pela Autoridade Palestina contra Israel. Para tanto, Kittrie cita o artigo de opinião "The Long Overdue Palestinian State"[31] escrito pelo Presidente Mahmoud Abbas ao jornal *The New York Times*, em 2011, no qual ele diz que a internacionalização do conflito é também uma questão jurídica, admitindo a possibilidade de que o povo palestino recorra à Organização das Nações Unidas (ONU) e à Corte Internacional de Justiça para reivindicar seus direitos baseado nos tratados de direitos humanos.

Na ótica de Kittrie também os discursos da Autoridade Palestina perante a Assembleia Geral das Nações Unidas seriam armas de uma guerra jurídica cujo objetivo seria o reconhecimento como membro da ONU. O que, no entender do autor, encontraria força pelo tratamento que agências dispensam àquele país.

A Autoridade Palestina (AP) há muito tempo detinha *status* de "observador" em várias agências especializadas da ONU, muitas das quais têm seus próprios procedimentos de admissão. A primeira vitória da AP em se juntar a uma agência especializada da ONU como membro pleno precedeu em um ano em que a Assembleia Geral da

---

[29] *Idem.*
[30] *Idem.*
[31] ABBAS, Mahmoud Z. The Long Overdue Palestinian State. *The New York Times*, Op-Ed. New York. 16 maio 2011. Disponível em: https://www.nytimes.com/2011/05/17/opinion/17abbas.html. Acesso em: 15 jun. 2024.

ONU concedeu à Palestina *status* de estado não membro como um todo. Em 31 de outubro de 2011, a Organização das Nações Unidas para a Educação, a Ciência e a Cultura (UNESCO) admitiu o Estado Palestino como membro pleno. A votação da Conferência Geral da UNESCO sobre essa adesão foi de 107 votos a favor e 14 votos contra, com 52 abstenções.

Em um raciocínio um tanto quanto difícil de ser entendido, o autor reputa à Unesco a responsabilidade de que, a partir da admissão da Palestina como membro pleno, os próprios Estados Unidos tenham aplicado uma regra interna sua segundo a qual nenhum fundo estadunidense "estará disponível para as Nações Unidas ou qualquer agência especializada que conceda à Organização para a Libertação da Palestina o mesmo *status* que os estados-membros"[32].

Com (in)explicável naturalidade, de acordo com o autor, o fato de o Estado Palestino ser aprovado, por ampla maioria, para integrar uma agência de fomento à educação, ciência e cultura corresponde a um ato de *lawfare* ao qual, na visão dele, os Estados Unidos reagiram legitimamente ao deixar de fornecer US$ 80 milhões por ano, o que correspondia à época ao equivalente a 22% do financiamento de um órgão, preciso eu repetir, de fomento à educação, ciência e cultura.

As quase quinhentas páginas do livro de Orde F. Kittrie mereceriam ainda muito maiores reflexões sobre o texto e o contexto que dá suporte à expressão "*lawfare*" tal como foi adotada no Brasil. Mas, por ora, basta referir que, como vimos, o termo "*lawfare*", nem o fenômeno que ele busca designar, constituem propriamente uma novidade na geopolítica.

Distante dos recortes dos textos estadunidenses dos quais salta a palavra em inglês, o que se pode observar é que a utilização da expressão "guerra jurídica" em países vizinhos da América Latina há mais de vinte anos é utilizada como

---

[32] KITTRIE, Orde F. *Lawfare*: law as a weapon of war. New York: Oxford University Press, 2016, p. 202-203.

mecanismo de estigmatização das estratégias judiciais empreendidas por grupos de defesa dos direitos humanos. Uma estratégia de etiquetamento, portanto, muito similar ao que Orde Kittrie faz em relação aos pleitos de organizações de defesa dos direitos do povo palestino.

1.2. A *lawfare* como estigmatização do exercício da advocacia na Colômbia

Como eu disse no *Disclaimer* desta obra, a primeira vez que ouvi falar em *lawfare*, ou melhor dizendo, em "guerra jurídica" (como também se escreve em espanhol) foi em 2002, quando cheguei a Bogotá em uma missão internacional de acompanhamento de manifestações que denunciavam gravíssimas violações de direitos humanos ocorridas em todo o território colombiano.

Naquele tempo, havia se tornado lugar-comum que o recém-eleito Presidente Álvaro Uribe rotineiramente viesse a público e apontasse todas as ações em defesa de direitos humanos empreendidas por advogadas e advogados como "guerra jurídica".

O conceito de "guerra jurídica" já vinha sendo gestado há muitos anos entre determinados grupos detentores do poder econômico e armado na Colômbia. Em 1997, por exemplo, a *Revista Fuerzas Armadas* publica o artigo "La Guerra Jurídica de la Subversión"[33], de autoria de Miguel Posada Samper, no qual ele busca defini-la de modo geral e simplificado como um dos braços do que ele entende por subversão.

Dentre as táticas destacadas por Samper e que teriam sido desenvolvidas para os fins da guerra jurídica estaria aumentar os organismos de defesa de direitos, de cuja execução exitosa teriam surgido:

> a Procuradoria para os Direitos Humanos, a Defensoria do Povo, o Ministério Público para os Direitos Humanos, etc. Estes são frutos

---

[33] SAMPER, Miguel Posada. La Guerra Jurídica de la Subversión. *Revista Fuerzas Armadas*, Bogotá, 1997, p. 25-31.

da Constituição de 1991. Uma série de ONGs de Direitos Humanos, que também têm relações estreitas com ONGs de Direitos Humanos internacionais, se ocupam de prover denunciantes e testemunhas falsas e dar publicidade aos casos[34].

Em um de seus informes, a *Human Rights Watch* assim descreve Samper:

> Miguel Posada Samper é um empresário que já integrou a equipe de conselheiros de segurança de Uribe. Posada frequentemente acusa grupos internacionais de direitos humanos e especificamente a *Human Rights Watch* de serem "simpatizantes das guerrilhas marxistas" e, juntamente com o Departamento de Estado, de formar uma "aliança estranha e vergonhosa com traficantes de drogas". É preocupante que o presidente Uribe tenha optado por se associar publicamente ao autor dessas acusações infundadas[35].

A presença de Samper entre os conselheiros[36] do então Presidente Álvaro Uribe não é de causar estranheza já que,

---

[34] SAMPER, Miguel Posada. La Guerra Jurídica de la Subversión. *Revista Fuerzas Armadas*, Bogotá, 1997, p. 29.

[35] HUMAN Rights Watch. *Human Rights News*. Disponível em: https://www.hrw.org/legacy/backgrounder/americas/colombia-certification4.htm#a. Acesso em: 15 jun. 2024.

[36] Além de Samper, de acordo com a Human Rights Watch, também o General Carlos Ospina Ovalle "promovido pelo Presidente Uribe para comandar o exército da Colômbia, apesar de relatos generalizados e críveis de uma série de massacres, execuções e torturas que tropas sob seu comando cometeram enquanto ele liderava a Quarta Brigada em 1997 e 1998. O General Ospina nunca foi suspenso e nenhuma investigação formal foi iniciada. O fato de que os crimes teriam sido supostamente cometidos por subordinados não eximiria o General Ospina da responsabilidade criminal se ele soubesse ou tivesse motivo para saber que os subordinados planejaram ou executaram esses atos. O conceito de responsabilidade de comando se estende à falha em tomar medidas necessárias e razoáveis para prevenir tais atos ou punir os perpetradores. Vários dos comandantes de batalhões do General Ospina foram posteriormente condenados por tribunais civis colombianos por trabalhar com paramilitares. Depois de serem acusados e supostamente detidos, dois deles deixaram a sede da brigada onde estavam sob responsabilidade do General Ospina e se juntaram a grupos paramilitares. O caso envolvendo apenas um desses massacres, que ocorreu em El Aro, Antioquia, em 1997, foi aceito para revisão pela Comissão Interamericana de Direitos Humanos em

como ele defendia há razoável tempo, mereciam atenção das forças estatais a infiltração de esquerdistas no Poder Judiciário e Ministério Público, a restrição do Foro Militar (com o julgamento de militares por crimes comuns pela Justiça Ordinária) e a cooptação de organismos internacionais de defesa de direitos humanos[37].

De acordo com o Informe Anual (2003) *Los defensores de los Derechos Humanos Frente a las Políticas de Seguridad*[38], do *Observatorio para la Protección de los Defensores de Derechos*

2001"; o General Rito Alejo Del Río, na época do informe da HRW, "sob investigação pelo Ministério Público por vínculos com grupos paramilitares, também é um conselheiro próximo do Presidente Uribe. Em 1999, o Presidente Andrés Pastrana exonerou Del Río devido às evidências convincentes contra ele; os Estados Unidos também cancelaram seu visto"; e Pedro Juan Moreno, "ex-vice-governador de Uribe e arquiteto do programa CONVIVIR em Antioquia. Enquanto estava no cargo, Moreno enviou uma carta ameaçadora à prefeita de Apartadó, Gloria Cuartas, depois que ela expressou preocupações sobre os vínculos do CONVIVIR com grupos paramilitares. Moreno a acusou de abrigar crenças pró-guerrilha, uma acusação irresponsável frequentemente feita pelo exército e seus apoiadores contra autoridades locais críticas de suas atividades". Também segundo o informe da HRW, Moreno teria aconselhado "o Presidente Uribe no projeto de um novo serviço de inteligência que ele afirma coordenará informantes civis com os serviços de inteligência do governo." [...] "Em uma entrevista de setembro de 2002 ao *El Tiempo*, Moreno disse que uma tarefa-chave do novo serviço será *'contrariar a desinformação divulgada por alguns grupos internacionais não governamentais'*. Linguagem semelhante é usada pelo exército e seus apoiadores para atacar grupos de direitos humanos, que frequentemente são acusados — como Moreno fez no passado — de serem simpatizantes da guerrilha. Nesta mesma entrevista ao jornal *El Tiempo*, Moreno não teria somente considerado a importância de '*contrarrestar la desinformación que propagan algunas ONGs internacionales*', mas também que seria necessário '*armar a la gente de bien*'," *El Tiempo*, September 1, 2002.

[37] SAMPER, Miguel Posada. La Guerra Jurídica de la Subversión. *Revista Fuerzas Armadas*, Bogotá, 1997, p. 29.

[38] FIDH – Federación Internacional de los Derechos Humanos; OMCT – Organización Mundial Contra la Tortura. Observatorio para la protección de los defensores de los Derechos Humanos. *Informe anual 2003. Los defensores de los Derechos Humanos frente a las políticas de seguridad*. Paris/Genebra, 2004. Disponível em: https://www.corteidh.or.cr/tablas/28842.pdf. Acesso em: 15 jun. 2024.

Humanos vinculado à *Federación Internacional de Derechos Humanos* (FIDH) e à *Organización Mundial Contra la Tortura* (OMCT), em 10 de abril de 2003, em Washington, durante uma conferência patrocinada pelo Exército dos Estados Unidos, o Brigadeiro General José Arturo Camelo, Diretor Executivo da Direção de Justiça Penal Militar, acusou as organizações não governamentais (ONGs) de direitos humanos de travarem uma "guerra jurídica" contra os militares.

Poucos meses depois, em 8 de setembro, durante a semana dos direitos humanos, por ocasião da posse do novo comandante da força aérea, também como de acordo com o Informe, o Presidente Álvaro Uribe em seu discurso apresentou o que, em seu entender, seriam as três espécies de ONGs de defesa dos direitos humanos.

A primeira e a segunda espécies seriam, respectivamente, as "ONGs teóricas" e "ONGs respeitáveis". Ambas deveriam ser protegidas pelo Estado. Já o terceiro grupo foi apresentado como "ONGs de escritores e políticos", que finalmente "servem ao terrorismo e que se escudam covardemente na bandeira dos direitos humanos" e que, portanto, não deveriam receber a proteção do Estado[39].

E, de acordo com o Informe, ele continuou dizendo[40]:

> Toda vez que na Colômbia surge uma política de segurança para derrotar o terrorismo, quando os terroristas começam a se sentir fracos, imediatamente enviam seus porta-vozes para falar de direitos humanos. Eles não têm vergonha nem limitações. Publicam livros na

---

[39] FIDH – Federación Internacional de los Derechos Humanos; OMCT – Organización Mundial Contra la Tortura. Observatorio para la protección de los defensores de los Derechos Humanos. *Informe anual 2003. Los defensores de los Derechos Humanos frente a las políticas de seguridad.* Paris/Genebra, 2004, p. 128-129. Disponível em: https://www.corteidh.or.cr/tablas/28842.pdf. Acesso em: 15 jun. 2024.

[40] *Idem*, p. 129.

Europa sobre rumores e calúnias. Eles sabem que sua única arma é a calúnia que hipocritamente se esconde por trás dos direitos humanos.

É necessário que estes senhores saibam de nossa determinação em derrotar o terrorismo e seus cúmplices, que uma de nossas decisões políticas é isolar o terrorismo e que para fazer isso vamos capturar todos aqueles que cometem esses crimes por cumplicidade ou por ocultação.

Quando comecei a combater o terrorismo como governador de minha província, [...] apareceram coletivos e advogados, esses porta-vozes do terrorismo apareceram sob esse nome e sob outros. Eles não atacam os terroristas, mas atacam a vontade daquele governo departamental de derrotá-los.

O discurso foi proferido justamente no momento em que o então Presidente, no seu primeiro ano de mandato, havia sido duramente criticado por 80 ONGs colombianas pertencentes à *Plataforma Colombiana Democracia y Desarrollo* no livro *El Embrujo Autoritário* (lançado neste mesmo dia 8 de setembro) e em um dos relatórios do Programa das Nações Unidas para o Desenvolvimento (Pnud)[41].

Poucos dias depois, agora em Nova York perante a Assembleia da ONU, em 30 de setembro de 2003, o ex-Presidente Álvaro Uribe não somente repete o que já havia dito no início daquele mês, como também reivindica o "direito do Estado de discordar de relatórios tendenciosos". De sua parte, em Washington, em linha com o mandatário colombiano, a Ministra da Defesa declara publicamente que o Estado planejava investigar o perfil e as atividades de milhares de organizações de direitos humanos que trabalhavam em seu país[42].

Segundo o *Observatorio para la Protección de los Defensores de Derechos Humanos*, todas essas declarações equivaliam a "um chamado à violência", uma preocupação que a Comissão Interamericana de Direitos Humanos expressou por meio de uma carta enviada em 17 de setembro à Ministra das Relações

---
[41] *Idem*, p. 129-130.
[42] *Idem*, p. 130.

Exteriores, Carolina Barco. Não era para menos o pedido de explicações enviado pela CIDH, pois, em 29 de setembro de 2003, o grupo paramilitar do *Bloque Central Bolívar de las Autodefensas Unidas de Colombia* (AUC), no comunicado intitulado "Por qué ladran los perros?", expressou a aprovação às declarações do Presidente Uribe.

Entre outros, os paramilitares das AUC mencionam o Coletivo de Advogados "José Alvear Restrepo", a Comissão Colombiana de Juristas, a Corporação Regional para a Defesa dos Direitos Humanos, o CREDHOS e a Organização Feminina Popular (OFP). Eles também se referem às atividades de várias organizações internacionais acusando-as de funcionar "a mando da guerrilha terrorista colombiana como verdadeiros consulados"[43].

Especificamente, em relação às mulheres defensoras, de acordo com o *Informe Sombra de Seguimiento a las Observaciones Finales sobre el Noveno Informe Periódico de Colombia ante el CEDAW*[44]:

Embora a adoção do Programa Integral de Garantias para Líderes e Defensoras de Direitos Humanos (PIGMLD), liderado pelo Ministério do Interior, represente um avanço em termos de garantias para mulheres que exercem liderança, é de suma importância avaliar sua eficácia na prática. Isso se deve ao fato de que os atos violentos contra essas mulheres e seus filhos/as aumentaram nos últimos anos, conforme descrito a seguir:

i. Em 2019, as equipes de gênero da Delegacia para os Direitos das Mulheres e Assuntos de Gênero da Defensoria do Povo relataram 104 casos de violência contra defensoras. Em comparação com o ano anterior, houve um aumento de 50,88% nas ameaças e de 166,67% em outras agressões contra as defensoras.

ii. O Sistema de Informação sobre Agressões a Defensores de Direitos Humanos na Colômbia (SIADDHH) registrou, em 2020, o

---

[43] *Idem*, p. 130.
[44] ROJAS, Laura María. *Informe Sombra de Seguimiento a las Observaciones Finales sobre el Noveno Informe Periódico de Colombia ante el CEDAW*. Bogotá: Mesa por la Vida y la Salud de las Mujeres (La Mesa) e Red Nacional de Mujeres, 2021.

maior número de agressões a defensores desde a existência desse sistema. Foram registrados 241 casos de violência contra mulheres, o que representa um aumento de 7% em relação a 2019, "especialmente os feminicídios, que em 2020 foram de 3 defensoras, situação relacionada ao aumento da violência de gênero na Colômbia, alertada por várias organizações feministas".

Entre janeiro e outubro de 2020, o Instituto Nacional de Medicina Legal relatou três casos de suposto crime sexual contra defensoras de direitos humanos.

Na Colômbia, em resumo, desde o texto de Samper, já se vão 27 anos de construção (e implementação) de um discurso que acusa advogadas e advogados que atuam na defesa de direitos humanos. E foram mais de vinte anos de litígio internacional[45] para que a Corte IDH reconhecesse que acusando advogadas e advogados de "guerra jurídica" o Estado criou um contexto de risco para a vida e a integridade pessoal destes e destas que se tornam vítimas por meio de vigilância com atividades de inteligência em um cenário de impunidade diante da falta de investigação e esclarecimento de responsabilidades por esses atos.

Em 18 de março de 2024 a Corte Interamericana de Direitos Humanos (IDH), em uma sentença histórica, reconheceu a responsabilidade internacional do Estado colombiano por perseguir, assediar, estigmatizar e vigiar sistematicamente os advogados e as advogadas (e suas famílias) pertencentes ao Coletivo de Advogados José Alvear Restrepo (CAJAR)[46].

---

[45] O caso teve origem em 2002 com a apresentação de uma petição conjunta pelo Centro pela Justiça e o Direito Internacional (CEJIL) e o CAJAR à Comissão Interamericana de Direitos Humanos (CIDH). Em 2020, a CIDH encaminhou o caso à Corte IDH e, em maio de 2022, realizou-se a audiência pública, na qual a Corte pôde ouvir os depoimentos das vítimas e peritos, bem como os argumentos orais do Estado colombiano e das representantes. Esta é a primeira sentença na qual uma das organizações de pessoas defensoras que rotineiramente defendem vítimas perante a Corte IDH é reconhecida como vítima direta. Além disso, o ambiente hostil em que o CAJAR sempre foi obrigado a defender os direitos levou-os a contar com medidas de proteção internacional da CIDH desde 2000, as quais ainda estão em vigor.

[46] A organização originalmente chama-se Corporación Colectivo de Abogados "José Alvear Restrepo", daí as siglas CCAJAR e CAJAR aparecerem de diferentes modos nos textos citados.

A Corte IDH aponta na decisão terem sido violados os direitos à vida, à integridade pessoal, à vida privada, à liberdade de pensamento e expressão, à autodeterminação informativa, ao conhecimento da verdade, à honra, às garantias judiciais, à proteção judicial, à liberdade de associação, circulação e residência, à proteção da família, aos direitos da infância e ao direito de defender os direitos humanos. E, de modo especial, ressalta o impacto particularmente vivido pelas advogadas nos longos anos de ameaças, agressões e assédios por sua atuação na representação de vítimas de violência na Colômbia.

O caso levado à Corte será objeto de maior atenção no terceiro capítulo obra, pois me interessa fundamentalmente repercutir aqui as alegações finais apresentadas pela Dra. Dora Lucy Arias Giraldo como representante das vítimas Diana Milena Murcia Riaño, Maret Cecilia García Alfonso, Pedro Julio Mahecha Ávila, além de ela própria, neste que ficou conhecido como Caso Miembros de la Corporación Colectivo de Abogados "José Alvear Restrepo" – CAJAR *vs.* Colombia (CDH-8-2020).

Por ora, o que me parece mais importante deixar registrado neste capítulo primeiro é que a decisão da Corte IDH, por suposto, ultrapassa os limites do caso colombiano. Mas, mais do que ser um balizador jurídico para a atuação dos tribunais nos Estados-Parte, ela é um alerta para toda a nossa América Latina e Caribe sobre como se desenvolve o processo de estigmatização de advogadas e advogados defensores das liberdades democráticas a partir do rótulo que no Brasil foi popularizado como *lawfare*.

1.3. A dualidade da *lawfare*: a experiência da África do Sul pós-*apartheid*

Na África do Sul pós-*apartheid*, menos do que o uso do direito como instrumento de perseguição aos adversários e às adversárias, a maior preocupação, como vêm escrevendo a professora Michelle le Roux e o professor Dennis Davis, estava na possibilidade de esvaziamento da luta política por direitos por uma espécie de "judicialização da vida". Ou seja, de que as pautas de ação da cidadania, grupos da sociedade civil, partidos políticos e sindicatos terminassem por se converter apenas (ou preponderantemente) em litigância perante os tribunais.

O projeto político constitucional (de "construção da nação" ou "transformação" para a "nação arco-íris"), segundo a autora e o autor, jamais poderia ser realizado por meio de mecanismos legais. Isso porque a realização da estratégia judicial é morosa, por vezes, invasiva da pauta do que, de fato, se reivindica e precisa ser mudado, e capaz de colocar em suspenso outros processos que deveriam ser implementados por um estado competente e capacitado[47].

Em outras palavras, como a professora e o professor dizem:

> Ministros e outros servidores públicos parecem sentir que estão "livres do problema" enquanto um litígio sobre algo pelo qual são responsáveis continua. O país todo espera por julgamentos em cada nível do sistema judicial, em vez de ver seu governo fornecer serviços e mudanças significativas[48].

Escrita em 2019, rememorando outro texto por ela e por ele publicado em 2008, a análise citada, para além do tema específico deste livro, me parece ser uma boa chave de leitura acerca da atual realidade brasileira e a judicialização de questões postas nas mãos do Poder Judiciário, em especial, do Supremo Tribunal Federal em um certo desfoco da luta política, digamos, tradicional.

Em uma perspectiva que, ao meu ver, é bem mais sofisticada tanto para uma análise do direito quanto para a política, Le Roux e Dennis, tomando como ponto de partida o termo "*lawfare*" no sentido proposto por John e Jean Comaroff (*en passant*,

---

[47] LE ROUX, Michelle; DAVIS, Dennis. *Lawfare*: judging politics in South Africa. Johannesburg/Cape Town: Jonathan Ball Publishers, 2019.
[48] *Idem*, p. 4.

citado e citada por autores e autoras brasileiros[49]), apontam para uma espécie de círculo vicioso medida que se luta contra tentativas de controle estabelecidas através da lei usando a própria lei. Isto é, quando "os alvos do estado invocam o grito dos direitos humanos para persuadir os tribunais de que a lei possui uma qualidade intrínseca de responsabilidade, certeza e reconhecimento da liberdade básica do cidadão individual"[50].

O resultado é a transferência da luta política que passa a ser

> disputada mais nos tribunais do que nas ruas, mais pelo uso da lei e sua violência disfarçada do que pela força brutal irrestrita, ausente de qualquer restrição legal. Reivindicações políticas tornaram-se queixas legais à medida que, cada vez mais, os tribunais se tornaram o principal mecanismo de resolução de disputas, substituindo as lutas políticas do Parlamento, o ativismo e o engajamento comunitário e as campanhas midiáticas[51].

"A guerra jurídica deve ser entendida como tendo uma dualidade; pode ser algo bom ou ruim."[52]

É algo bom quando o projeto constitucional avança e a "guerra jurídica" é empreendida por litigantes e juízes como um instrumento para garantir que a visão constitucional seja realizada. No entanto, é algo ruim quando os tribunais se tornam o local de pura contestação política porque os políticos buscam usurpar poderes judiciais para alcançar seus objetivos.

Voltarei a esse aspecto – negativo – pouco mais adiante neste capítulo.

Mas, de todo modo, em ambos os contextos, a *lawfare* envolve o judiciário muito mais no campo político do que deveria estar. O que, em um sentido ou outro (ou seja, bom ou ruim)

---

[49] ZANIN MARTINS, Cristiano; ZANIN MARTINS, Valeska Teixeira; VALIM, Rafael. *Lawfare*: uma introdução. São Paulo: Contracorrente, 2023, p. 19-20.
[50] LE ROUX, Michelle; DAVIS, Dennis. *Lawfare*: judging politics in South Africa. Johannesburg/Cape Town: Jonathan Ball Publishers, 2019, p. 4.
[51] *Idem*, p. 4.
[52] *Idem*, p. 5.

pode transformar os tribunais em uma juristocracia, reduzindo a importância da política e a vitalidade da sociedade civil.

Não faço coro com quem aponta como ativismo judicial toda e qualquer manifestação advinda de nossa Corte Constitucional, aí incluídas aquelas atinentes à autonomia do indivíduo e o uso de drogas (até o presente momento reduzido ao debate sobre a maconha), aos direitos sexuais e reprodutivos das mulheres ou ao direito à manifestação livre de discriminações proibitivas.

Estou convicta de que não se há de "jogar a criança com a água suja do banho".

Nenhum debate sobre aspectos tão sensíveis para a construção de laços de solidariedade em uma sociedade se dá em âmbito judicial (ao menos assim não deveria se dar) sem que haja um fosso aberto pela omissão constitucional dos demais poderes, de regra, no caso brasileiro, do Parlamento.

De outro lado, como signatária que sou de algumas ações constitucionais e de peças de *amicus curiae* em casos semelhantes (ou nos próprios), tenho refletido intensamente sobre a necessidade de, principalmente no cenário atual, refletir-se sobre a intervenção judicial enquanto fator interruptivo do debate público que precisa nascer e crescer "nas ruas"[53].

Não considero esta obra o lugar adequado para um debate aprofundado sobre este que entendo ser um item da mais alta importância na pauta de quem se propõe a pensar o Direito sob a perspectiva política. Contudo, o resultado positivo em ações

---

[53] Minha referência às ruas identifica-se com a concepção proposta pela professor José Geraldo de Sousa Júnior, um dos próceres da corrente jurídica-política denominada de "O Direito Achado na Rua", segundo a qual o Direito é transformador na medida em que emerge dos espaços públicos "onde se dá a formação de sociabilidades reinventadas que permitem abrir a consciência de novos sujeitos para uma cultura de cidadania e de participação democrática". Recomendo fortemente para uma introdução à corrente a leitura de: SOUSA JUNIOR, José Geraldo de. O Direito Achado na Rua: condições sociais e fundamentos teóricos. *Revista Direito e Praxis*, v. 10, n. 4, Rio de Janeiro, 2019, p. 2776-2817.

constitucionais como as que se referem à legítima defesa da honra[54] (da qual fui uma das advogadas signatárias) ou mesmo à criminalização da LGBTIfobia[55] não podem ser tomadas como paradigmas que se encerram totalmente na categoria de "*cases* de sucesso".

Tampouco, ao que me parece, a decisão sobre judicializar temas como direitos sexuais e reprodutivos ou sobre a inconstitucionalidade de razões de decidir em crimes sexuais que se baseiam em uma análise da "vida pregressa" da vítima, não podem ser tomadas por este ou aquele legitimado constitucional sem prévia e amadurecida discussão em conjunto com as forças vivas da sociedade que são, nos casos mencionados, os movimentos sociais de mulheres.

Em 23 de maio de 2024, por exemplo, o Supremo Tribunal Federal, por unanimidade, conheceu e julgou procedentes, nos autos da Arguição de Descumprimento de Preceito Fundamental (ADPF) n. 1.107, os pedidos formulados pela Procuradoria Geral da República arguente para:

i) conferir interpretação conforme à Constituição à expressão elementos alheios aos fatos objeto de apuração posta no art. 400-A do Código de Processo Penal, para excluir a possibilidade de invocação, pelas partes ou procuradores, de elementos referentes à vivência sexual pregressa da vítima ou ao seu modo de vida em audiência de instrução e julgamento de crimes contra a dignidade sexual e de violência contra a mulher, sob pena de nulidade do ato ou do julgamento, nos termos dos arts. 563 a 573 do Código de Processo Penal;

ii) vedar o reconhecimento da nulidade referida no item anterior na hipótese de a defesa invocar o modo de vida da vítima ou a questionar quanto a vivência sexual pregressa com essa finalidade, considerando a impossibilidade do acusado se beneficiar da própria torpeza;

iii) conferir interpretação conforme ao art. 59 do Código Penal, para assentar ser vedado ao magistrado, na fixação da pena em

---

[54] Arguição de Descumprimento de Preceito Fundamental, ADPF n. 779.
[55] Ação Direta de Inconstitucionalidade por Omissão, ADO n. 26 e Mandado de Injunção, MI n. 4.733.

crimes sexuais, valorar a vida sexual pregressa da vítima ou seu modo de vida; e

iv) assentar ser dever do magistrado julgador atuar no sentido de impedir essa prática inconstitucional, sob pena de responsabilização civil, administrativa e penal.

A Corte determinou também o encaminhamento do acórdão a todos os Tribunais de Justiça e Tribunais Regionais Federais do país, para que sejam adotadas as diretrizes determinadas nesta arguição. A relatora foi a Ministra Carmem Lúcia.

De minha parte, por razões óbvias, como mulher, advogada e feminista me restou aplaudir e comemorar a decisão proferida.

E, mais ainda, como doutrinadora, me é imenso o orgulho em ver uma tese que defendo desde 2020, já na primeira edição do meu livro *Processo Penal Feminista*, escrito no ano anterior, fruto da minha pesquisa de pós-doutorado, na qual dizia eu que a utilização de estereótipos de gênero para desqualificar e culpabilizar as vítimas de violência de gênero constituiria nulidade processual por violar a dignidade da pessoa humana posta em nossa Constituição e também os direitos e garantias das mulheres previstos no direito internacional dos direitos humanos.

Um tema que, por sinal, revisitei mais enfaticamente ainda na 2ª edição da obra, após ter desempenhado a função de perita em processo penal perante a Corte Interamericana de Direitos Humanos para o Caso Márcia Barbosa de Souza[56], primeira condenação de nosso país por feminicídio. Dizia eu, já naquela edição:

> De acordo com a "Declaração dos Princípios Básicos de Justiça Relativos às Vítimas da Criminalidade e de Abuso de Poder" considera-se vítima "a família próxima ou as pessoas a cargo da vítima direta e as pessoas que tenham sofrido um prejuízo ao intervirem para prestar assistência às vítimas em situação de carência ou para impedir a vitimização". Neste sentido, aqui tomo tanto Márcia Barbosa, quanto seus familiares como vítimas.
>
> No Brasil, como dito, os familiares das vítimas diretas são ouvidos como informantes tanto nos autos de inquéritos, quanto em

---

[56] CORTE IDH. *Caso Barbosa de Souza e Outros vs. Brasil*. Exceções Preliminares, mérito, reparações e custas. Sentença de 7-9-2021.

processos judiciais, inexistindo qualquer razão para que estes depoimentos, marcados pela dor da perda e pela angústia do tempo que transcorre sem que se tenha uma resposta estatal ao crime, sejam usados como formas cruéis de vitimização, como ocorreu no caso dos familiares de Márcia Barbosa. A dignidade da pessoa humana impõe ao Estado um dever de realizar ações positivas no sentido de assegurá-la. E, dentre estas ações está o dever de proteção já mencionado nesta obra.

É, assim, exigível (mais do que meramente recomendável) que postura dos sujeitos do processo em seu contato com a vítima e seus familiares, muito especialmente no momento do depoimento (mas, não só), guie-se, pelo respeito e pela garantia da dignidade humana e dos compromissos internacionais que a tomam como central e dos quais o Brasil é signatário. Afastar-se de todo esse arcabouço é tomar distância da dignidade humana. É violar a Constituição. É desrespeitar a convencionalidade. E é, por consequência, macular com a nulidade absoluta todo o processo[57].

E, ademais, entendo que esse pronunciamento de nossa Corte Constitucional representará importantíssimo avanço para que sejam coibidos atos de violência processual corriqueiramente praticados contra as mulheres (enquanto parte) e também contra as advogadas (no exercício de suas funções), como abordarei no Capítulo 3 desta obra.

Contudo, me preocupa o que temos visto nesta e em outros casos de temas caros às mulheres com a substituição do protagonismo da sociedade civil, em particular das organizações feministas, e das advogadas, igualmente, em particular feministas, à frente de ações constitucionais. Isso nunca é benéfico, ainda que o resultado "judicialmente" seja favorável.

Perder protagonismo na esfera pública é sempre perder direitos. É sempre aumentar o déficit democrático em relação às mulheres para as quais não há redistribuição, há pouquíssimo reconhecimento e restrita participação[58].

---

[57] MENDES, Soraia. *Processo Penal Feminista*. 2. ed. São Paulo: Atlas, 2021, p. 184-185.
[58] Sobre democracia, redistribuição, reconhecimento e participação, recomendo fortemente a leitura dos escritos da professora Nancy Fraser com os quais dialogo no terceiro capítulo desta obra.

Tudo isso tem, em minha perspectiva, de nos provocar a uma necessária análise de conjuntura para que esses rumos sejam corrigidos.

Dentre outras e outros, Betinho nos ensinou que a análise de conjuntura é em si mesma um ato político que exige não somente apreender todos os elementos importantes e disponíveis de uma determinada situação, mas também a capacidade de perceber, compreender, descobrir sentidos, relações e tendências a partir dos dados e das informações[59].

Das lições de Betinho, é possível extrair uma espécie de guia básico com passos fundamentais para realizar uma análise de conjuntura, seriam eles: (i) identificar e distinguir entre si fatos e acontecimentos; (ii) ordenar os acontecimentos por ordem de importância; (iii) localizar os cenários; (iv) reconhecer atores/atrizes; (v) avaliar a correlação de forças; (vi) relacionar conjuntura e estrutura; (vii) observar fenômenos novos que começam a se manifestar; e (viii) projetar cenários futuros.

Cada uma dessas etapas tem seus desdobramentos, sendo uma das mais importantes a que diz respeito à capacidade de verificar a correlação de forças entre os diferentes atores e/ou atrizes sociais.

A depender de como estes ou estas relacionam-se entre si em condições de confronto, de coexistência ou de cooperação, revelará se correlação de forças é de domínio, de igualdade e/ou de subordinação. A clareza quanto a essa relação é decisiva "se se quer tirar consequências práticas da análise da conjuntura"[60].

Outra etapa fundamental da análise de conjuntura é entender que se todos os dias acontecem milhares de fatos em todas as partes do mundo, somente alguns desses "fatos" serão considerados como "acontecimentos".

Acontecimentos são fatos que adquirem um sentido especial para um país, uma classe social, um grupo social ou uma

---

[59] SOUZA, H. J. (Betinho). *Como se faz análise de conjuntura*. 34. ed. Petrópolis: Vozes, 2014, p. 8.
[60] *Idem*, p. 12.

pessoa. Identificar o que são acontecimentos demanda também os categorizar segundo uma ordem de importância; e buscar um "fio condutor" entre eles (pesquisar o encadeamento, a lógica, as articulações, os sentidos comuns deles). A importância e o peso são sempre relativos e dependem da ótica de quem analisa a conjuntura. E, para se extrair o "sentido" dos acontecimentos, é preciso compreender seu pano de fundo[61].

No Brasil atual, considerado revigoramento do patriarcado pós 2016, me parece ser preocupante a correlação de forças em desfavor das lutas feministas.

Longe de qualquer "partidarismo" (em seu sentido mais estrito enquanto vinculação a uma agremiação partidária), fato é que a derrubada da primeira e única mulher eleita como mandatária brasileira representa, na análise de conjuntura que realizo eu, o mais importante acontecimento político de uma década que teve início em 2016 e que irá até 2026.

Voltarei a esse tema no próximo capítulo.

Por ora, me basta finalizar com a advertência de que realizar a análise da conjuntura nos possibilita entender o que está acontecendo e orientar a ação política prática, na medida em que projeta cenários futuros. Daí porque, considerado o cenário atual, de retrocesso mundial em relação aos direitos das chamadas "minorias", me parece ser um pressuposto para qualquer resolução que envolva a judicialização desse tipo de tema um pensar coletivo em um método vindo das lições de velhas mestras e velhos mestres que vieram antes de nós.

1.4. O uso do termo "lawfare" no Brasil

No Brasil, o termo "lawfare" acabou ganhando notoriedade a partir daquele que ficou conhecido como o "Caso Lula" no contexto da 24ª fase da Operação Lava Jato, a Operação Aletheia[62].

---

[61] *Idem*, p. 10.
[62] ZANIN MARTINS, ZANIN MARTINS, Cristiano; ZANIN MARTINS, Valeska Teixeira; VALIM, Rafael (coord.). *O caso Lula*: a luta pela afirmação dos direitos fundamentais no Brasil. São Paulo: Contracorrente, 2016.

"*Lawfare*", então, tornou-se uma expressão corriqueiramente utilizada nas entrevistas concedidas à imprensa pelo então advogado Cristiano Zanin que atuou na defesa do, na época, ex-Presidente Luiz Inácio Lula da Silva. Posteriormente, em 2019, ele próprio, juntamente com Valeska Zanin e Rafael Valim, publicam a obra *Lawfare: uma introdução*[63].

Não se há, obviamente, de reduzir a importância e o impacto da *Operação Lava Jato*. Pelo contrário. Muito além, entretanto, da razão "técnico-prática" que tornou o termo "*lawfare*" popular no Brasil, há um fundo histórico-estrutural que exige mais do que epistemologicamente tomá-lo a partir de sua utilidade.

Como é de geral conhecimento, as definições e as classificações não são *verdadeiras* ou *falsas*, senão que *úteis* ou *inúteis*. O critério, portanto, que as preside é o da *utilidade*, é dizer, sua fecundidade para apresentar um campo de conhecimento de maneira compreensível ou rica de consequências práticas[64].

Dentro dos limites do exercício da advocacia enquanto técnica, e para os fins de popularização midiática, em seu tempo e lugar, a emergência do termo "*lawfare*" teve inegável importância por direcionar os holofotes para um caso concreto em que escancaradamente houve o "uso estratégico do Direito para fins de deslegitimar, prejudicar ou aniquilar um inimigo"[65]. E, quer parecer que a maior contribuição trazida pela equipe de defesa do ex-Presidente Lula ao tema com a publicação da *Lawfare: uma introdução* tenha sido concluir que:

> o *lawfare* é uma questão grave e que, por essa razão, merece um tratamento sério e consequente. O seu rebaixamento a um mero instrumento retórico, ainda que motivado por boas intenções, é tão prejudicial quanto o ceticismo ou o preconceito com que ainda é visto por alguns[66].

---

[63] ZANIN MARTINS, Cristiano; ZANIN MARTINS, Valeska Teixeira; VALIM, Rafael. *Lawfare*: uma introdução. São Paulo: Contracorrente, 2023, p. 141.
[64] *Idem*, p. 27.
[65] *Idem*, p. 27.
[66] *Idem*, p. 141.

De fato, ainda antes de o Caso Lula chegar a seu ápice com a prisão do então ex-Presidente, a primeira obra completa, autoral e que aponta para contornos teóricos do que é o *lawfare* foi publicada em 2016[67] pelo professor Antonio Eduardo Ramires Santoro e pela professora Natália Lucero Frias Tavares, sob o título *Impeachment de 2016: uma estratégia de lawfare político instrumental*. Uma obra fundamental, não somente pela inovação que representou no pensamento jurídico entre nós, mas, principalmente, por apontar o processo de *impeachment* da ex-Presidenta Dilma Rousseff em 2016 como expressão de *lawfare* político, que considero ter também a face da *lawfare* de gênero.

A partir do que delinearam Santoro e Tavares, é possível retomar a guerra jurídica em seu sentido negativo que, como apresentam Le Roux e Dennis[68], é mais claramente vista quando políticos usam os tribunais para criminalizar e banir da cena política seus adversários. A autora e o autor tratam da *lawfare* política, obviamente não de *lawfare* de gênero. Todavia, suas reflexões não poderiam ter sido mais adequadas para a leitura da realidade e as projeções que faço nesta minha obra.

Como vimos até aqui, *lawfare* é um termo conjuntural politicamente polissêmico de maneira que sua utilização nunca é, de igual sorte, desprovida de escolhas ideológicas a depender de quem aponta ou é apontado como "inimigo" ou "inimiga".

Assenhorar-se da expressão "*lawfare*" e adjetivá-la com o termo "gênero", portanto, também para mim, como feminista, foi uma decisão política. Não para marcar a descoberta de um novo fenômeno. Pelo contrário, de modo muito mais agudo, o que fizemos foi dar um nome às violências que, por sermos

---

[67] A obra foi amplamente revista e ampliada em 2021, quando recebeu como novo título *Lawfare Brasileiro* (SANTORO, Antonio Eduardo Ramires; TAVARES, Natália Lucero Frias. *Lawfare brasileiro*. 2. ed. Belo Horizonte: D'Plácido, 2021).
[68] LE ROUX, Michelle; DAVIS, Dennis. *Lawfare*: judging politics in South Africa. Johannesburg/Cape Town: Jonathan Ball Publishers, 2019, p. 5.

mulheres, experimentamos cotidianamente mediante o uso (ou abuso) do direito.

Encerrada a digressão histórico-política sobre as diferentes acepções que o fenômeno da *lawfare* pode adotar a partir dos contextos pensados desde a Austrália, a China, os Estados Unidos, a África do Sul, a Colômbia e o Brasil, cabe agora apresentar a história da criação do termo "*lawfare* de gênero", sua posterior conceitualização e o sentido político que lhe é atinente. Todos são temas para o próximo capítulo.

2

Para compreender a *lawfare* de gênero

No atual estágio do conhecimento em que nos encontramos, nenhuma teoria ou sequer conceito surge por geração espontânea, de maneira que tudo o que se produz tem referências anteriores que, se não lhe compõem a base, são obstáculos epistêmicos que se deseja superar. E indagar, pesquisar e conhecer no campo do saber feminista tem sentido (ou, melhor, só tem sentido) se absolutamente conectado com as experiências empíricas vivenciadas pelas mulheres tanto na esfera privada quanto na pública.

De minha parte, seguindo os rumos traçados por autoras como Sandra Harding[1], como escrevi há vários anos em *Criminologia feminista: novos paradigmas*[2], estou absolutamente convicta de que *aquilo que se conhece* e, principalmente, de *como se conhece* depende da situação do sujeito conhecedor(a). Uma *situação*, entendo eu, condicionada por múltiplos fatores de natureza social, de raça, de gênero, de identidade de gênero, de orientação sexual, de origem e de região do mundo em que vive que se encontram *interseccionalmente* relacionados.

O sexo-gênero compõe uma situação social e, assim como todos os demais elementos, não é externo ao conhecimento, mas parte integrante dele. De modo que, partindo dessa premissa, naquela obra, escrita há mais de uma década, busquei selecionar recortes da história das mulheres que me propiciaram compreender como, enquanto poder de gênero, o poder punitivo

---

[1] HARDING, Sandra. *Ciencia y feminismo*. Madrid: Moratas, 1996.
[2] MENDES, Soraia da Rosa. *Criminologia feminista*: novos paradigmas. 3. ed. São Paulo: Saraiva, 2023.

se expressa a partir de um modo particular de vigilância, repressão e cerceamento de todas as formas de liberdade das mulheres. Daí surge o conceito de *sistema de custódia*, compreendido como o conjunto de tudo o quanto se faz para reprimir, vigiar e encerrar (em casa ou em instituições totais, como as prisões, ou foram, em suas devidas épocas, os manicômios ou os conventos[3]), mediante a articulação de mecanismos de exercício de poder do Estado, da sociedade, de forma geral, e da família[4].

A construção e o aperfeiçoamento do sistema de custódia ao longo de séculos foi um projeto cujos efeitos concretos as mulheres sentem até os dias de hoje. O fenômeno da *lawfare de gênero* está dentro deste contexto de dominação patriarcal, motivo pelo qual, como escrevi no capítulo anterior, a conceituei como *a dimensão instrumental do patriarcado na qual o direito (por uso ou o abuso) converte-se em arma e os diferentes sistemas (judiciário, administrativo, disciplinar e político), em território de guerra onde, por meio do processo, toda e qualquer forma de violência de gênero é admitida para os fins de silenciar e/ou expulsar as mulheres da esfera pública em qualquer âmbito e independentemente do lugar que ocupam*[5].

Identificada, nominada e conceituada, resta-nos agora entender o cenário em que nos encontramos para que a expressão "lawfare de gênero" não seja despida de sua função transformadora da realidade. Ou, ainda, que ela, esvaziada de seu conteúdo,

---

[3] São abundantes os registros históricos a descrever os conventos como fortalezas das quais não era possível fugir e onde as reclusas estavam sujeitas a vigilância permanente. Os conventos não foram somente instituições destinadas a expiação dos pecados. Mais do que isso, eram verdadeiros espaços de reclusão, seja para o cumprimento de penas por crimes cometidos por mulheres contra a honra de suas famílias, seja pelo "risco" de que estas viessem a cometer crimes como o adultério, o infanticídio ou o homicídio de seus consortes.
[4] MENDES, Soraia da Rosa. *Criminologia feminista*: novos paradigmas. São Paulo: Saraiva, 2014, p. 170.
[5] MENDES, Soraia da Rosa. *Criminologia feminista*: novos paradigmas. 3. ed. São Paulo: Saraiva, 2023, p. 140.

seja apropriada (como tantas outras expressões cunhadas pelo conhecimento feminista vêm sendo) pelo poder patriarcal, diga-se, muitas vezes, apoiado por mulheres que dele se servem para manter os lugares de poder subalternos, mas privilegiados, que ocupam.

Como dizia eu no primeiro capítulo, Betinho nos ensinou que a análise de conjuntura é em si mesma um ato político que exige não somente apreender todos os elementos importantes e disponíveis de uma determinada situação, mas também a capacidade de perceber, compreender, descobrir sentidos, relações e tendências a partir de dados e informações[6].

Todos os dias, como diz o autor, acontecem milhares de fatos em todas as partes do mundo, mas somente alguns desses "fatos" serão considerados como "acontecimentos", pois esses últimos são fatos que adquirem um sentido especial para um país, uma classe social, um grupo social ou uma pessoa. É preciso saber identificar o que são acontecimentos e também os organizar conforme sua importância.

Por fim, diz ele, é imprescindível buscar um "fio condutor" entre os acontecimentos (pesquisar o encadeamento, a lógica, as articulações, os sentidos comuns deles). A importância e o peso que se atribuirá a cada acontecimento serão sempre relativos e dependerão da ótica de quem realiza a analisa da conjuntura. E, para se extrair o "sentido" dos acontecimentos, é preciso compreender seu pano de fundo[7].

Pois bem, a *lawfare* de gênero é, como afirmo eu, (i) a dimensão instrumental do patriarcado; (ii) na qual o direito (por uso ou o abuso) converte-se em arma; (iii) e os diferentes sistemas (judiciário, administrativo, disciplinar e político), em território de guerra onde, por meio do processo; (iv) toda e qualquer forma de violência de gênero é admitida; (v) para os

---

[6] SOUZA, H. J. (Betinho). *Como se faz análise de conjuntura*. 34. ed. Petrópolis: Vozes, 2014, p. 8.
[7] *Idem*, p. 10.

fins de silenciar e/ou expulsar as mulheres da esfera pública em qualquer âmbito e independentemente do lugar que ocupam.

Nesse sentido, a primeira questão que me é fundamental está em identificar qual *acontecimento* foi capaz de demarcar uma sequência de fatos que, contemporaneamente, nos impõem tomar a *lawfare* em relação às mulheres muito seriamente. Vejamos.

O patriarcado, enquanto estrutura de poder, como mostram meus estudos anteriores que resultaram na identificação do sistema de custódia, é milenar, tendo encontrado no período medieval o melhor momento para sua consolidação nos moldes de como hoje o conhecemos, consideradas, obviamente, inegáveis avanços e condições de tempo e lugar históricos.

O tratamento dispensado às mulheres a partir da Idade Média tomou uma feição tão peculiar a ponto de perguntar-se filósofa Carla Casagrande[8] o que teriam elas feito para merecerem formas de, digo eu, disciplinamento tão diferentes das que se registraram em outros tempos. O que teriam feito estas mulheres para provocar tanta atenção da parte daqueles que se consideravam os depositários dos valores morais de uma sociedade?

> Não sei em que medida as mulheres do Ocidente medieval se mantiveram quietas e silenciosas entre as paredes das casas, das igrejas e dos conventos, ouvindo homens industriosos e eloquentes que lhes propunham preceitos e conselhos de toda a espécie. Os sermões dos pregadores, os conselhos paternos, os avisos dos diretores espirituais, as ordens dos maridos, as proibições dos confessores, por mais eficazes e respeitáveis que tenham sido, nunca nos restituirão a realidade das mulheres às quais se dirigiam, mas com toda a certeza faziam parte desta realidade: as mulheres deveriam conviver com as palavras daqueles homens a quem uma determinada organização social e uma ideologia muito bem definida tinham entregue o governo dos corpos e das almas femininas. Uma parte da história das mulheres passa também pela história daquelas palavras

---

[8] CASAGRANDE, Carla. In: PERROT, Michelle; DUBY, Georges (org.). *História das mulheres no ocidente*. Porto: Afrontamento, 1990, v. 2, p. 99-141.

que as mulheres ouviram ser-lhes dirigidas, por vezes com arrogância expedita, outras vezes com carinhosa afabilidade, em qualquer caso com preocupada insistência[9].

Ainda que em determinados momentos da história algumas mulheres tenham ocupado espaços de poder, chegando mesmo ao lugar supremo em importantes monarquias extremamente relevantes ao seu tempo – como Elizabeth I da Inglaterra, no século XVI, por exemplo – e que possam ser identificadas formas de organização matriarcais em alguns pontos do planeta, fato é que a subordinação das mulheres aos homens (sob os mais diversos fundamentos) é anterior ao século XVIII quando a capacidade de gerar "valor" passa a ser a tônica para definir papéis sociais.

Para se extrair o "sentido" dos acontecimentos é preciso compreender seu pano de fundo[10]. E identificar o que possa ser considerado um *acontecimento* – ou uma série deles – demanda, em síntese, duas premissas. A primeira de que não se está a partir da teoria política, mas necessariamente da prática política[11]. E a segunda de que se deve (re)conhecer as estruturas que formam as sociedades[12].

Mesmo sendo absolutamente procedente que a dicotomia masculino/feminino apenas tenha se tornado "hegemônica e definitivamente estruturante da sociedade quando imbricada no processo de valorização do capitalismo"[13], identificar que

---

[9] *Idem*, p. 99.
[10] SOUZA, H. J. (Betinho). *Como se faz análise de conjuntura*. 34. ed. Petrópolis: Vozes, 2014, p. 10.
[11] FORNAZIERI, Aldo. O que é análise de conjuntura política? In: OLIVEIRA, Flávio Rocha de; MARQUES, Moisés da Silva. (org.). *Introdução ao risco político*: conceitos, análises e problemas. Rio de Janeiro: Elsevier, 2014. p. 1-39.
[12] CRUZ, Sebastião Carlos Velasco e. Teoria e método na análise de conjuntura. *Educação e Sociedade*, v. 72, Campinas, p. 145-152, 2000. Disponível em https://www.scielo.br/j/es/a/YX7SG7nVCsBxpxRwpgMR5zL/?lang=pt. Acesso em: 15 jun. 2024.
[13] LEITE, Taylisi de Souza Corrêa. *Crítica ao feminismo liberal*: valor-clivagem e marxismo feminista. São Paulo: Contracorrente, 2020, p. 295-296.

sua origem está ligada ao projeto de poder masculino sustentado primordialmente na violência é ponto fundamental para compreender o porquê de ser a *lawfare de gênero* a "dimensão procedimental do patriarcado".

Nesses termos, após um breve relato sobre a construção da expressão e do conceito de *lawfare* de gênero que venho realizando nestes últimos, com os fins de fornecer alguns elementos que contribuam para a análise da conjuntura atual, me interessa fundamentalmente identificar qual *acontecimento* pode, ou melhor seria dizer, deve ser considerado como o determinante para que estejamos na linha de tiro de práticas políticas mediante as quais advogadas, magistradas, deputadas e tantas outras mulheres são violentamente atacadas mediante o uso e/ou abuso do direito por meio do processo.

2.1. A construção da expressão e do conceito de *lawfare* de gênero

Para fins de registro histórico sobre a criação do termo e sua posterior conceituação, vale reproduzir aqui o caminho percorrido até que a *lawfare de gênero* tomasse a importância política que hoje ostenta.

Escrevia eu em 2014, no meu *Criminologia feminista:*

> Mais do que as torturas e as fogueiras, e todo o arcabouço jurídico que instituiu o sistema inquisitorial (de cujos resquícios até hoje tentamos nos libertar), o que os séculos XIII, XIV e XV nos legaram é uma política de custódia, orquestrada e executada em regime de cooperação dos mais diversos entes.
>
> A vigilância, os maus-tratos, a desconstrução da identidade, a imposição do trabalho artesanal como forma de correção, as saídas restritas, a incomunicabilidade com o mundo exterior são características que marcam instituições de segregação de indivíduos perigosos. E é esse conjunto de práticas que chega ao Brasil e à América Latina nos séculos XVI e XVII.
>
> A inquisição é realmente um momento fundamental para a consolidação do poder punitivo no final da Idade Média. Por outro lado, como dito anteriormente, trata-se de "um" momento em todo um

contexto de criminalização e punição das mulheres que vai além das fogueiras, galés, e outras tantas penas aplicadas durante este período[14].

Como nos ensina Ana Maria Bidegain, a história não deve ser uma simples descrição do passado, mas um esforço para conhecer as bases de nossa vida hoje, para transformar o que nos faz menos humanos, e o que nos impede de viver em plenitude[15].

É, portanto, com a ciência e a consciência do quão longeva é a instrumentalização do sistema de justiça em relação às mulheres que nasceram meus estudos preliminares sobre violência processual e ética, tema sobre o qual tive a honra de contar com filósofa Marcia Tiburi como interlocutora inicial, ainda em 2021.

Ao debruçar-me sobre os relatos que passaram a chegar até mim desde então, não foi necessário um arsenal científico mais refinado para identificar a existência que um certo "padrão de atuação" violento (em alguns casos claramente misógino) empreendido no sistema de justiça, em relação às advogadas. Por isso, em setembro de 2021, propus a realização da *I Roda de Formação em Advocacia Feminista do Distrito Federal*, durante a qual um dos temas de discussão foi especificamente denominado de *Violência Processual e Ética: aprenda como defender sua cliente e se defender*.

O evento logo se tornou um espaço de compartilhamento de experiências. E dali surgiram as primeiras reflexões conjuntas entre mim e Isadora Dourado, advogada familiarista e, à época, mestranda em Direito pela Universidade de Brasília, que deram origem à nomenclatura *lawfare* de gênero que, posteriormente, apresentamos no artigo intitulado "*Lawfare*

---

[14] MENDES, Soraia. *Criminologia feminista*: novos paradigmas. São Paulo: Saraiva, 2014, p. 139.

[15] BIDEGAIN, Ana Maria. Recuperemos la historia de las mujeres con nuevas categorías de análisis. In: LAMPE, Armando (org.). *História e libertação*: homenagem aos 60 anos de Enrique Dussel. Edição Bilíngue. Rio de Janeiro/São Paulo: Vozes/Cehila, 1996, p. 154-171.

de gênero: o uso do direito como arma de guerra contra mulheres", publicado em fevereiro de 2022, no portal da *Agência Patrícia Galvão*.

Ao nomearmos a *lawfare* de gênero enquanto tal, não demorou muito para que esta expressão fosse incorporada ao vocabulário das advogadas surtindo o efeito que todas as categorias teóricas feministas, politizadas que são, surtem: tornar-se uma bandeira de lutas.

Nesse caso, com o objetivo de denunciar e rechaçar todo o conjunto histórico de violências (simbólicas e reais) destinado à manutenção do patriarcado mediante a utilização do direito como arma de guerra e o processo como seu principal instrumento.

No artigo apontamos que, em uma análise mais aprofundada, partindo da própria definição de *lawfare* como o "uso estratégico do Direito para fins de deslegitimar, prejudicar ou aniquilar um inimigo", o sentido de "guerra jurídica" não era algo novo para as mulheres. E que, em nossa percepção, o judiciário constituía um território onde o direito era usado como arma e o processo como um meio para realização concreta de violências contra as mulheres.

Contra as mulheres enquanto parte na seara criminal era/é recorrente, por exemplo, o uso (e abuso) de interpelações, representações por denunciação caluniosa. Na esfera dos direitos das famílias, a alegação vaga de alienação parental, o inadimplemento de alimentos ou incumprimento das regras de convívio. E, para fechar um rol não exaustivo de exemplificações, nos procedimentos junto aos juizados de violência doméstica e familiar, era/é comum a burla a medidas protetivas de urgência com o ingresso de pedidos de guarda compartilhada e outros procedimentos.

Tornou-se muito claro a existência de uma deturpada compreensão do que sejam os direitos de ação e de defesa[16]. O que,

---

[16] Recomendo fortemente a leitura do Capítulo 4 da minha obra *Criminologia feminista: novos paradigmas*, em particular sobre o que discorro em relação à tese da legítima defesa da honra no item 4.6.2.3.

não excepcionalmente, também se mostra pela desqualificação, ameaça, importunação e perseguição de advogadas, em particular das que atuam em favor de mulheres.

É algo possível de ser identificado no sistema judiciário, mas que dele transborda para o sistema ético-disciplinar, como um novo campo de batalha de eliminação das consideradas "inimigas"[17].

O número e a gravidade dos casos demonstrativos da *lawfare* de gênero que passaram a chegar até mim já não eram administráveis, até que, em razão de um rumoroso caso de ameaça pública a uma advogada[18], surgiu o momento adequado para uma articulação com maior nível de organicidade política. Uma iniciativa tentada em dois sentidos.

O primeiro mediante o diálogo interno com as forças vivas da chamada "política de Ordem", a fim de demonstrar a urgência de tomada de posição. Todavia, infelizmente, logo restou claro que, mesmo nos grupos considerados "mais progressistas" do chamado sistema OAB, não eram poucas as vozes discordantes (ou que, no mínimo, duvidam) de que casos de violência, como o que se tornou paradigma, fossem enquadrados como violação de prerrogativas nos termos do Estatuto da Advocacia.

Sem sucesso naquele espaço político, apresentei, então, à colega que havia sido vitimada pelo ataque ao livre exercício da advocacia, a sugestão de convocação de uma reunião ampliada para a qual foram convidadas e responderam advogadas de todas as partes do território brasileiro.

Nesse fórum formulei duas proposições. A primeira, típica dos tempos virtuais que vivemos, foi a criação de um grupo de discussão em uma rede social. E a segunda a de que nos

---

[17] MENDES, Soraia. *Criminologia feminista*: novos paradigmas. 3. ed. São Paulo: Saraiva, 2023, p. 135.
[18] Tal como procedemos em relação às quase duas centenas de advogadas que responderam à pesquisa, o nome da profissional ameaçada será igualmente mantido em sigilo.

propuséssemos a realizar uma pesquisa nacional para identificação de casos de violência de gênero contra advogadas em razão do exercício da profissão.

Ambas as propostas foram muito bem recebidas pelas advogadas presentes e, daí, surge o grupo virtual *Lawfare* de Gênero, como estratégia de articulação política, existente até os dias atuais; e a disposição de produzir conhecimento científico feminista que, como tal, por suposto, objetiva(va) a transformação social.

O desafio não foi pequeno. Tratava-se de realizar em curto espaço de tempo uma pesquisa inédita e de abrangência nacional, cujo objetivo seria o de coletar dados e relatos das advogadas brasileiras para os fins de subsidiar estudos, análises, bem como a elaboração de documentos e informes nacionais e/ou internacionais de denúncia capazes de lançar luzes sobre esse quadro de violência vivenciado por advogadas de todo o país.

No grupo inicial de elaboração do instrumento de pesquisa que seria utilizado estavam, além de mim, as advogadas Ana Beatriz Pereira El Kadri, Mariana Regis de Oliveira, Marina Ruzzi e Natasha de Vasconcelos Soares. Todas elas com vasta experiência na seara do direito das famílias cujos nomes estão referidos juntamente com o restante da equipe de pesquisa acadêmica no relatório final que se encontra, na íntegra, no material suplementar desta obra.

Academicamente, a investigação, cuja coordenação-geral coube a mim, foi transformada em projeto e registrada junto ao CNPq pelo grupo de pesquisa Carmim – Feminismos Jurídicos, vinculado ao Programa de Pós-Graduação em Direito da Universidade Federal de Alagoas (Ufal), sob a liderança da professora Dra. Elaine Pimentel com o pretencioso título "*Lawfare* de gênero: a necessária e urgente construção de um protocolo para a atuação ética e profissional de integrantes da advocacia sob a perspectiva de gênero a partir da pesquisa nacional para identificação de casos de violência de gênero contra advogadas em razão do exercício da profissão".

Começamos os trabalhos em março de 2022, mas logo, já no mês de abril, ainda com dados provisórios recolhidos, me coube redigir uma informação dirigida à *Relatora Especial das Nações Unidas sobre a Violência Contra a Mulher, suas Causas e Consequências*, à época, Sra. Reem Alsalem, cuja visita oficial estava programada para ocorrer entre 23 de maio a 1º de junho daquele mesmo ano.

Em poucos dias já era possível contar com nada menos que cento e oitenta (180) relatos de vítimas diretas de violência de gênero em razão do exercício da advocacia sobre os quais pude me debruçar. E, a partir da súmula deles, formulei a sugestão de que fosse emitida uma recomendação para que a Ordem dos Advogados do Brasil, por seu Conselho Federal, tomasse medidas para a elaboração (e efetiva aplicação) de um *Protocolo para a Atuação Ética e Profissional de Integrantes da Advocacia sob a Perspectiva de Gênero*, com previsão de canal de denúncia e de mecanismos de proteção e valorização da advocacia por mulheres.

Contudo, a visita, infelizmente, acabou não se realizando. De outro lado, são ainda muito cosméticas as medidas adotadas pela OAB em âmbito nacional para os fins de garantir às advogadas o livre exercício da profissão.

Finalizada, então, a etapa final da coleta, foram recebidas ao todo 191 respostas[19] de advogadas de todas as unidades federativas. O que permitiu desenhar um quadro geral, ainda que provisório, da realidade vivida no cotidiano da advocacia feminina.

Para além das respostas ao questionário, a pesquisa coletou 132 relatos descritivos das situações vivenciadas pelas profissionais enquanto tais. Foram recebidos 51 arquivos de documentos, a maioria deles com dezenas de páginas e do qual resultou o relatório finalizado em 20 de dezembro de 2022 e lançado em março de 2023 com o apoio da OAB – Seccional São Paulo. Como

---

[19] Uma única advogada não autorizou a utilização de seus dados para fins da pesquisa, de modo que foram consideradas, no todo, 190 respostas.

disse anteriormente, a integralidade da pesquisa se encontra no material suplementar e ainda será objeto de minha atenção no Capítulo 3 desta obra.

Enfim, aqui está uma breve síntese da história da *maternidade* da *lawfare* de gênero. Seguirei, agora, com a análise do cenário político que nos chama a tomá-la seriamente em tempos de guerra cultural.

2.2. O sistema político como território de guerra: o processo de *impeachment* de Dilma Rousseff

Em que pese a importância de todos os fatos que antecederam e que ocorreram no transcurso da chamada Operação Lava Jato, é o processo de julgamento que levou ao *impeachment* da ex-Presidenta Dilma Rousseff o que desponta como o *acontecimento* determinante para a retomada de uma pedagogia medieval de subordinação do feminino da qual depende a realização de qualquer projeto de poder no regime fascista.

No Brasil, os crimes de responsabilidade do Chefe ou da Chefe do Executivo estão previstos no art. 85 da Constituição Federal de 1988, na seção *Da Responsabilidade do Presidente da República*. E, como também expressamente previsto na Carta, as normas de processo e julgamento devem vir reguladas em lei especial.

São considerados crimes de responsabilidade os atos do Presidente ou da Presidenta da República que atentem contra a Constituição Federal e, especialmente, contra a existência da União; o livre exercício do Poder Legislativo, do Poder Judiciário, do Ministério Público e dos Poderes constitucionais das unidades da Federação; o exercício dos direitos políticos, individuais e sociais; a segurança interna do País; a probidade na administração; a lei orçamentária; e o cumprimento das leis e das decisões judiciais.

Por sua vez, a lei especial constitucionalmente exigida é a Lei n. 1.079/50, em vigor na atualidade e que regulamentou os dois *impeachments* do período pós-democrático, quais sejam o do ex-Presidente Fernando Collor e da ex-Presidenta Dilma Rousseff.

Em brevíssima síntese, no Capítulo I (arts. 14 a 18), há previsão sobre a denúncia; no Capítulo II (arts. 19 a 23), estão as disposições sobre a acusação; e, no Capítulo III (arts. 24 a 38), encontram-se as regras relativas ao julgamento.

Com mais de 73 anos, como se pode notar, a lei apresenta lacunas e inseguranças que são matéria de discussão nas Casas Legislativas. Ela não trata, por exemplo, dos requisitos da denúncia, prevendo apenas que ela somente deverá ser recebida quando a pessoa denunciada não tiver deixado definitivamente o cargo. E, de igual sorte, a norma não determina qual Casa tem competência para receber a denúncia, o que acaba por resolver-se com a aplicação, na prática do § 2º do art. 218 do Regimento Interno da Câmara dos Deputados, também aplicável subsidiariamente na forma do art. 28.

De acordo com o art. 14 da Lei, qualquer cidadão ou qualquer cidadã pode denunciar o Presidente ou a Presidenta da República por crime de responsabilidade. Sendo que, conforme o art. 80, caberá à Câmara dos Deputados fazer as vezes de "tribunal de pronúncia" e ao Senado Federal as de "tribunal de julgamento".

Ato contínuo ao recebimento, a denúncia será lida na sessão seguinte e enviada a uma comissão que deverá ser constituída especialmente para esse fim, nos termos do art. 19. Em 48 horas, essa comissão deverá eleger um presidente ou uma presidenta, bem como um relator ou uma relatora a quem competirá a elaboração de parecer a ser apresentado em 10 dias. Nesse mesmo prazo, a comissão poderá realizar diligências que entender necessárias ao esclarecimento da denúncia (art. 20).

Elaborado o parecer sobre se a denúncia será ou não objeto de deliberação, ele será lido em sessão da Câmara e publicado juntamente com a íntegra da denúncia no Diário do Congresso. E, 48 horas depois de publicado, ele – o parecer – será incluído na ordem do dia para discussão única (art. 20, §§ 1º e 2º).

Durante a discussão, é facultado a cinco representantes de cada partido o direito a manifestação, oportunizando-se ao relator ou à relatora responder a cada um deles (art. 21). Vencida essa etapa, será realizada votação nominal e a denúncia será então arquivada ou remetida ao denunciado ou à denunciada a conteste no prazo de vinte dias nos quais poderá indicar os meios de prova que considera necessários (art. 22).

Com ou sem contestação, esgotado o prazo acima referido, a comissão determinará eventuais diligências requeridas dentro do que julgar convenientes. Além de testemunhas, a comissão poderá ouvir tanto denunciante como denunciado ou denunciada, que poderá acompanhar pessoalmente ou por seu procurador ou sua procuradora, todas as audiências e diligências, e participar ativamente da oitiva das testemunhas, podendo, inclusive, requerer a acareação entre elas.

Após a realização das diligências, a comissão especial proferirá parecer sobre a procedência ou improcedência da denúncia, no prazo de dez dias. Esse parecer deverá ser publicado e incluído na ordem do dia para ser submetido a duas rodadas de discussões, realizadas com o interregno de 48 horas entre uma e outra e nas quais cada representante de partido poderá fazer uso da palavra por uma vez no tempo de 1 hora (art. 22, §§ 1º e 2º).

Encerrados os debates, o parecer será submetido à votação nominal que pode resultar na admissão da denúncia[20]. E, nos termos do art. 23, § 4º, a Câmara constituirá uma comissão formada por três membros para acompanhar o julgamento.

Embora o art. 23, § 5º, preveja como efeito imediato do decreto de acusação a suspensão do exercício das atividades da

---

[20] Segundo melhor doutrina, ainda que a Lei fale em "procedência" da denúncia, há de se compreender que se trata de "admissão", vez que não compete à Câmara dos Deputados o julgamento dentro do procedimento de *impeachment*. Ver: SANTORO, Antonio Eduardo Ramires; TAVARES, Natália Lucero Frias. *Lawfare brasileiro*. 2. ed. Belo Horizonte: D'Plácido, 2021, p. 116.

pessoa acusada e, consequentemente, do pagamento da metade de seus subsídios ou vencimentos até o advento de decisão final, não é essa a previsão constitucional.

De acordo com art. 86 da Constituição Federal, admitida a acusação contra o Presidente ou a Presidenta da República, por dois terços da Câmara dos Deputados, será ele ou ela submetido(a) a julgamento perante o Senado Federal, nos crimes de responsabilidade, que é de sua competência privativa, nos termos do art. 52, I, também da Constituição.

Recebido, então, pelo Senado o decreto de acusação com o processo enviado pela Câmara dos Deputados (art. 24) e apresentado o libelo pela comissão acusadora, o presidente ou presidenta dessa Casa enviará à pessoa acusada cópia de tudo notificando-a, na mesma ocasião, nos termos dos §§ 2º e 3º do art. 23, para comparecer em dia prefixado perante o Senado, assim como comunicará ao presidente ou à presidenta do Supremo Tribunal Federal o dia designado para o julgamento.

Consoante o art. 86, § 1º, da Constituição, nos crimes de responsabilidade, haverá a suspensão das funções do mandatário ou da mandatária da Nação após a instauração do processo pelo Senado Federal. O afastamento cessará se, decorrido o prazo de cento e oitenta dias, o julgamento não estiver concluído, sem prejuízo do regular prosseguimento do processo.

Na data definida para o julgamento deverão estar presentes a pessoa acusada, seus advogados e/ou suas advogadas (ou o defensor ou defensora nomeada em caso de revelia). Também devem comparecer a comissão acusadora, o presidente ou a presidenta do Supremo Tribunal Federal a quem competirá abrir a sessão, mandar ler o processo preparatório, o libelo e os artigos de defesa (art. 27).

Na sequência, será iniciada a inquirição das testemunhas, que deverão depor publicamente e fora da presença umas das outras (art. 27). Qualquer membro da Comissão acusadora ou do Senado, assim como a pessoa acusada ou seus procuradores ou procuradoras, poderão requerer que se façam a elas as perguntas que julgarem necessárias (art. 28). As testemunhas não podem ser interrompidas e podem ser submetidas a acareação (art. 28, parágrafo único).

A seguir, haverá o debate verbal entre a comissão acusadora e a pessoa acusada ou seus advogados e/ou suas advogadas pelo prazo que o presidente fixar, mas que não poderá exceder a duas horas (art. 29). Concluídos os debates orais e retiradas as partes, será aberta a discussão sobre o objeto da acusação (art. 30).

Finalizada a discussão, o presidente ou a presidenta do Supremo Tribunal Federal elaborará um relatório resumido da denúncia e das provas da acusação e da defesa que submeterá à votação nominal dos senadores e das senadoras (art. 31).

Se o julgamento for absolutório, produzirá desde logo todos os efeitos a favor do acusado ou da acusada (art. 32). De outro lado, e de acordo com o art. 52, parágrafo único, da Carta Magna, a condenação somente será proferida por dois terços dos votos do Senado Federal, devendo limitar-se à perda do cargo, com inabilitação, por oito anos, para o exercício de função pública, sem prejuízo das demais sanções judiciais cabíveis.

Da resolução do Senado (transcrita na ata da sessão e, dentro desta, publicada no *Diário Oficial* e no *Diário do Congresso Nacional*) constará a sentença, que será lavrada nos autos do processo pelo presidente ou pela presidenta do Supremo Tribunal Federal e assinada por senadores e senadoras, que funcionam, nesse caso, como juízes e juízas (art. 35). A partir daí, o acusado ou a acusada estará, *ipso facto*, destituído do cargo (art. 34).

O procedimento que levou ao *impeachment* da ex-Presidenta Dilma Rousseff teve início em 2 de dezembro de 2015, quando o então presidente da Câmara dos Deputados, Eduardo Cunha, deu prosseguimento à denúncia formulada pelos juristas Hélio Bicudo, Miguel Reale Jr. e pela jurista Janaína Paschoal.

A petição havia sido entregue a ele poucos meses antes, em 20 de outubro de 2015, quando, em uma espécie de "cerimônia", as portas de seu gabinete foram abertas para que 12 deputados, de quatro partidos adversários do governo petista, participassem da entrega dos documentos pelo grupo de juristas denunciante.

Tido como um "aliado pouco confiável" desde o primeiro mandato de Dilma, Cunha havia imposto em fevereiro daquele ano uma fragorosa derrota ao governo petista, ao bater o Deputado Arlindo Chinaglia (PT-SP), nome bancado pelo Planalto, por 267 votos contra 136 na eleição para a presidência da Casa. A eleição em primeiro turno do peemedebista foi considerada uma verdadeira derrota histórica para o partido governista[21].

Com o pedido de *impeachment* guardado na gaveta, em 2 de dezembro de 2015, suspeito de esconder contas bancárias na Suíça e acusado de envolvimento no esquema de corrupção da Petrobras, Cunha[22] enfrentou uma longa negociação no Conselho de Ética da Câmara no intuito de arquivar o processo de cassação de seu mandato.

Cunha tinha assegurados 9 dos 20 votos (o presidente do colegiado só vota em caso de desempate) e precisava do PT para formar maioria a favor do arquivamento do caso. Os votos dos três integrantes do PT no Conselho de Ética (que reúne um colegiado de 21 deputados e deputadas federais) eram, portanto, considerados cruciais para definir se o processo contra Cunha seguiria ou não. Mas, naquele momento, a bancada do Partido dos Trabalhadores decidiu que iria votar pela continuidade do processo contra o presidente da Câmara[23].

Cunha conseguiu adiar a votação no Conselho. Entretanto, não à toa, portanto, àquela altura de dezembro de 2015, não era

---

[21] Disponível em: https://m.folha.uol.com.br/poder/2015/02/1583794-planalto-sofre-derrota-e-ve-camara-parar-na-mao-de-aliado-incomodo.shtml. Acesso em: 15 jun. 2024.

[22] Disponível em: https://www1.folha.uol.com.br/poder/2015/10/1696548-suspeito-de-corrupcao-cunha-recebe-pedido-de-impeachment-de-dilma.shtml. Acesso em: 15 jun. 2024.

[23] Disponível em: https://www1.folha.uol.com.br/poder/2015/12/1713918-bancada-petista-decide-votar-contra-cunha-no-conselho-de-etica-da-camara.shtml. Acesso em: 15 jun. 2024.

de se estranhar que ele fosse reconhecido como um inimigo declarado do partido a que pertencia a ex-Chefe da nação. De maneira que qualquer análise que se faça do processo de *impeachment*, como muito bem fazem o professor Antônio Eduardo Santoro e a professora Natália Lucero Frias, com quem eu concordo, está muito além do mero cumprimento de um conjunto de regras processuais, incapazes de, por si só, garantirem a legitimidade de um ato de profunda gravidade que é retirar de seu posto uma presidenta democrática e republicanamente eleita[24].

Dado prosseguimento à denúncia formulada, ainda no mês de dezembro, somente cinco dias depois, em 7 de dezembro, o então vice-Presidente da República, Michel Temer, Presidente nacional do PMDB, mesmo partido de Cunha, enviou à ex-Presidenta Dilma uma carta que classificou como pessoal, na qual fazia um "um desabafo" sobre questões que o haveriam transformado em um "vice decorativo"[25].

Nada na política é pessoal. Ou, como muito melhor dizemos, nós feministas, o pessoal é político. A "carta" de Temer, portanto, em que ele se colocava como um vice-presidente emasculado, compôs um cenário no qual tudo se transformou em peça no tabuleiro da cassação da ex-Presidenta.

Essa carta "pessoal", amplamente divulgada pela imprensa, assim como o áudio divulgado em que o mesmo Michel Temer, pouco antes da votação sobre a admissibilidade do processo de *impeachment* na Câmara, discursava como presidente empossado[26], bem como a construção da "bela, recatada e do lar", Marcela Temer, como analisarei no próximo ponto deste

---

[24] SANTORO, Antonio Eduardo Ramires; TAVARES, Natália Lucero Frias. *Lawfare brasileiro*. 2. ed. Belo Horizonte: D'Plácido, 2021, p. 113-114.
[25] Disponível em: https://g1.globo.com/politica/noticia/2015/12/leia-integra-da-carta-enviada-pelo-vice-michel-temer-dilma.html. Acesso em: 15 jun. 2024.
[26] Disponível em: https://www1.folha.uol.com.br/poder/2016/04/1759725-temer-divulga-audio-em-que-fala-como-se-impeachment-estivesse-aprovado.shtml. Acesso em: 15 jun. 2024.

capítulo, foram todos movimentos no tabuleiro político daquele momento.

Em 11 de abril de 2016, a Comissão Especial da Câmara aprovou parecer favorável à abertura do processo de *impeachment*, por 38 votos a 27. O que, na sequência, em 17 de abril, após votação nominal, foi autorizado pelo Plenário da Câmara por 367 votos a favor, 137 votos contra e 7 abstenções.

Renan Calheiros, Presidente do Senado, recebeu da Câmara o processo contra a Presidenta, e, no final de abril, os líderes indicaram membros para a Comissão Especial do Senado, sendo Raimundo Lira (PMDB-PB) e Antônio Anastasia (PSDB-MG) eleitos presidente e relator, respectivamente.

Posteriormente, a Comissão realizou quatro audiências e recebeu 13 convidados para os debates. E, em 6 de maio, aprovou o relatório de Antonio Anastasia, favorável ao seguimento do processo de *impeachment*, por 15 votos a favor e 5 contra.

Ao longo do mês de junho, a Comissão Especial do *Impeachment* escutou 44 testemunhas e realizou 14 reuniões, chegando a quase 100 horas de oitivas, além de debater sobre os laudos periciais e os termos da denúncia. Após esse momento, no início de agosto, foi discutido e aprovado o relatório final do Senador Antonio Anastasia, na Comissão Especial do Senado, que logo após, em votação no Plenário, por 59 votos a 21, decidiu pelo afastamento da Presidenta e pelo início do julgamento.

Em 31 de agosto de 2015, o plenário do Senado Federal concluiu pela cassação do mandato da presidenta e com a permanência de seus direitos políticos, com 61 votos favoráveis a 20 contrários.

Como vimos anteriormente no Capítulo 1, o termo "*lawfare*" é polissêmico, de modo que um mesmo acontecimento pode ser abordado sob diferentes aspectos desse mesmo fenômeno. E o caso a envolver o *impeachment* da ex-presidente Dilma Rousseff é um deles.

Em meu entender, na literatura jurídica brasileira (que tive oportunidade de revisar), ninguém melhor colocou a expressão política da *lawfare* do que o professor Antônio Eduardo Santoro e a professora Natália Lucero Frias ao questionarem não o procedimento que levou ao *impeachment* em 2016 em si, mas, sim, ao colocarem questões que vão muito além de ritos e prazos.

> Parece que os autores da denúncia não apenas tentaram reduzir o processo à observância dos ritos e prazos, como seguiram fazer com que a própria base governista admitisse de forma equivocada que o problema estava apenas na existência ou não de crime de responsabilidade.
>
> O problema que aqui se coloca é se de fato a previsão constitucional e a observância do procedimento e dos prazos legais é suficiente para se afirmar que foi observado o devido processo legal, como afirmaram os autores da denúncia. [...] A mera observância de ritos e prazos é suficiente para afirmar que houve observância do devido processo legal?[27]

Não resta a menor dúvida de que o processo envolvendo o *impeachment* em 2016 foi uma expressão de *lawfare* político. O que, por sua vez, não se contrapõe ou sobrepõe ao fato de que ele também foi uma expressão claríssima de *lawfare* de gênero, como analisarei a seguir.

2.3. A década das esposas: a retomada da pedagogia medieval e o autoritarismo em um ciclo ainda por concluir

Um dos mais comuns equívocos de natureza acerca da origem histórica da *lawfare* (ou, grosso modo, o uso do direito como arma de guerra contra inimigos políticos) está em identificá-la somente a partir das análises estadunidenses, dos textos de autores chineses publicados no final dos anos 1990 ou mesmo em literaturas mais remotas, como a obra *Mare Liberum*, de Hugo Grotius, no início do século XVII.

---

[27] SANTORO, Antonio Eduardo Ramires; TAVARES, Natália Lucero Frias. *Lawfare brasileiro*. 2. ed. Belo Horizonte: D'Plácido, 2021, p. 114.

Em verdade, há milênios a utilização de sistemas de regras de conduta (ainda que rudimentares) para os fins de legitimar a eliminação de adversários e adversárias da cena política é conhecida. E, de um modo muito melhor aprimorado, há vários séculos o mundo ocidental sustenta-se em estruturas normativas (particularmente de caráter penal, processual penal e disciplinar) que servem para o mesmo fim. Aí está, por exemplo, o *Malleus Maleficarum* (ou *Martelo das Feiticeiras*) que, escrito em meados do século XV, foi uma das mais completas obras já escritas com o objetivo de perseguir os inimigos e as inimigas[28].

De fato, do século XIII em diante, muitas mulheres eram letradas, conhecedoras das artes, da religião e da ciência, inclusive a médica. Muitas foram rainhas e, muitas outras, pregadoras de uma vida cristã, sem os luxos e a opulência da Igreja. Algo inoportuno não somente para a Igreja, mas "ameaçador" para todos os que desejassem manter-se no poder.

A "perigosidade" das mulheres era flagrante. Tornando-se imperativo proibi-las de entrar nos tribunais, governar, ensinar ou pregar. A palavra do juízo, do poder, da cultura, da cura e da salvação deviam, portanto, manter-se masculinas mediante normas jurídicas, interpretações misóginas de escrituras sagradas e acordos políticos.

Daí porque, do final do século XII até o final do século XV, fossem escritos por homens da Igreja, ou por médicos, ou por juristas, todos os textos dirigidos às mulheres e que propunham um modelo de comportamento feminino destinado ao controle de seus instintos demoníacos.

Trazendo essas premissas à contemporaneidade em meio aos argumentos de defesa do *impeachment* da ex-Presidenta Dilma, em 4 de abril de 2016, entre as cantadas em prosa e verso "Arcadas do Largo São Francisco", da Faculdade de Direito da USP, foi realizado um ato em que estiveram presentes Hélio Bicudo, Miguel Reale Jr. e Janaína Paschoal.

---

[28] KRAMER, Heinrich; SPRENGER, James. *O martelo das feiticeiras.* Rio de Janeiro: Rosa dos Tempos, 2010.

O trio de juristas foi o responsável pela redação e pela interposição do pedido de *impeachment* que levou à queda da ex-Presidenta Dilma. Mas, embora todos tenham feito uso da palavra no ato, segundo reportagem de *O Globo*, a "protagonista do discurso mais veemente do evento" foi a professora Paschoal. Uma espécie de exortação que não ficaria a dever aos textos demonizadores medievais.

Balançando freneticamente com uma das mãos a bandeira brasileira, conforme a matéria jornalística, bradava a acadêmica:

> "Mais do que parar para refletir sobre o *impeachment*, que tem motivos de sobra, queremos servir a uma cobra? Nós somos muitos miguéis, muitas janaínas, **não vamos deixar essa cobra dominando porque somos seres de almas livres**"[29], disse Janaína, em outro trecho.

Em outra passagem, Janaína fez menção a um ditado popular sempre preconizado por seu pai, desembocando novamente em uma menção velada a Lula: "Não vamos abaixar a cabeça. Desde pequenininha que meu pai me diz 'Janaína, Deus não dá asa para cobra'. E eu digo: 'Pai, às vezes, a cobra cria asa. **Mas Deus manda uma legião para acabar com a cobra**'[30]. Acabou a República da cobra!"[31].

Em sentido diametralmente oposto à imagem da serpente (que bem poderia ser a da jovem Dilma que, aos 19 anos, presa e violentamente torturada durante o período da ditadura militar, manteve-se altiva diante e uma junta militar), nesses mesmos dias de abril, mais especificamente em 18 de abril de 2016, a revista *Veja* publicou o que viria a ser o desejado padrão feminino a partir da já dada como certa derrubada da então Presidenta de falas fortes e tom alto em todas, absolutamente todas, as ocasiões.

No título abaixo da chamada *Marcela Temer: bela, recatada e "do lar"*, seguia o subtítulo *A **quase primeira-dama**[32], 43 anos*

---

[29] Grifei.
[30] Grifei.
[31] Disponível em: https://oglobo.globo.com/politica/acabou-republica-da-cobra-diz-autora-de-pedido-de-impeachment-de-dilma-rousseff-em-ato-na-usp-19020362. Acesso em: 15 jun. 2024.
[32] Grifei.

mais jovem que o marido, aparece pouco, gosta de vestidos na altura dos joelhos e sonha em ter mais um filho com o vice. Com algumas adaptações (pequenas, muito pequenas), a publicação da *Veja* facilmente será encontrada em textos medievais. Dizia a revista, nas palavras de Juliana Linhares[33]:

> Marcela Temer é uma mulher de sorte. Michel Temer, seu marido há treze anos, continua a lhe dar provas de que a paixão não arrefeceu com o tempo nem com a convulsão política que vive o país – e em cujo epicentro ele mesmo se encontra. Há cerca de oito meses, por exemplo, o vice-presidente, de 75 anos, levou Marcela, de 32, para jantar na sala especial do sofisticado, caro e badalado restaurante Antiquarius, em São Paulo. Blindada nas paredes, no teto e no chão para ser à prova de som e garantir os segredos dos muitos políticos que costumam reunir-se no local, a sala tem capacidade para acomodar trinta pessoas, mas foi esvaziada para receber apenas "Mar" e "Mi", como são chamados em família. Lá, protegido por quatro seguranças (um na cozinha, um no toalete, um na entrada da sala e outro no salão principal do restaurante), o casal desfrutou algumas horas de jantar romântico sob um céu estrelado, graças ao teto retrátil do ambiente. Marcela se casou com Temer quando tinha 20 anos. O vice, então com 62, estava no quinto mandato como deputado federal e foi seu primeiro namorado.
>
> [...]
>
> **Bacharel em direito sem nunca ter exercido a profissão**, Marcela comporta em seu *curriculum vitae* um curto período de trabalho como recepcionista e dois concursos de *miss* no interior de São Paulo (representando Campinas e Paulínia, esta sua cidade natal). Em ambos, ficou em segundo lugar. Marcela é uma vice-primeira-dama do lar. Seus dias consistem em levar e trazer Michelzinho da escola, cuidar da casa, em São Paulo, e um pouco dela mesma também (nas últimas três semanas, foi duas vezes à dermatologista tratar da pele).
>
> Por algum tempo, frequentou o salão de beleza do cabeleireiro Marco Antonio de Biaggi, famoso pela clientela estrelada. Pedia luzes bem fininhas e era "**educadíssima**", lembra o cabeleireiro. "Assim como faz a Athina Onassis quando vem ao meu salão, ela deixava os

---

[33] Disponível em: https://veja.abril.com.br/brasil/marcela-temer-bela-recatada-e-do-lar. Acesso em: 15 jun. 2024.

seguranças do lado de fora", informa Biaggi. Na opinião do cabeleireiro, Marcela "**tem tudo para se tornar a nossa Grace Kelly**". Para isso, falta só "deixar o cabelo preso". Em todos esses anos de atuação política do marido, ela apareceu em público pouquíssimas vezes. "Marcela sempre chamou atenção pela beleza, **mas sempre foi recatada**", diz sua irmã mais nova, Fernanda Tedeschi. "Ela gosta de **vestidos até os joelhos e cores claras**", conta a estilista Martha Medeiros.

O texto de *Veja* encerrava com a seguinte frase: *Michel Temer é um homem de sorte.*

Tracemos mais um paralelo: a pedagogia aplicada às mulheres a partir do período medieval entregou aos homens (pais, maridos, irmãos ou padres), ancorados em Deus e no sistema jurídico, o difícil, "mas necessário", encargo de custodiar as mulheres. E estas, por sua vez, deveriam agradecer à providência divina e docilmente submeterem-se à autoridade masculina, mantendo-se sóbrias, castas, silenciosas e ignorantes[34].

Os gestos não poderiam ser expressivos, mas suaves. Agitar as mãos? Jamais! E nunca mover demasiadamente a cabeça. Mulheres não deveriam rir, apenas sorrir, sem mostrar os dentes. Não deveriam arregalar os olhos, mas mantê-los baixos e semicerrados. Deviam chorar, mas sem fazer ruídos.

Custodiar as mulheres é *conditio sine qua non* da estrutura patriarcal. De maneira que as imagens de Dilma como serpente e de Marcela como a "bela, recatada e do lar" eram elementos simbólicos indispensáveis para compreender o que se passa em nossos dias, muitas vezes aos nossos olhos. Nada é por acaso.

Fomentar e incentivar a "cultura do inimigo" identificados como indivíduos ou grupos que devem ser odiados e exterminados é parte essencial em qualquer projeto autoritário de poder. Daí porque não serem poucos os registros históricos, remotos e contemporâneos, exemplificativos de que em sistemas autoritários, autocráticos e/ou fascistas é *conditio sine qua non*

---

[34] CASAGRANDE, Carla. In: PERROT, Michelle; DUBY, Georges (org.). *História das mulheres no ocidente*. Porto: Afrontamento, 1990, v. 2, p. 99-141.

o despontar da misoginia enquanto a pior das mais perversas faces do patriarcado.

Mulheres livres, pensantes e atuantes são a base para qualquer construção democrática. E, por óbvio, são também uma ameaça a qualquer sistema fora desse espectro. O que, de outro lado, não implica que não haja mulheres que concordem, colaborem e usufruam de privilégios dentro de regimes autoritários.

Observe-se que, por exemplo, a aderência aos discursos de viés conservador da extrema direita não foram algo repentino ao estourar a Segunda Guerra Mundial, mas sim fruto de uma construção gradual em uma longa e complexa sucessão de fatos.

Especificamente em relação às mulheres da Alemanha nazista, escrevi há alguns anos, a partir do que a historiadora Wendy Lower denomina como a "geração perdida de mulheres alemãs"[35], que menos que cumpridoras de ordens, executoras de trabalhos ou simples vítimas, houve mulheres que demonstraram atuação decisiva nos crimes cometidos durante o grande conflito[36].

No período que antecedeu Hitler, mesmo sob a "progressista" Weimar na política (por sinal, tal como hoje), na cultura e na sociedade a "Questão da Mulher" aparecia de forma difusa e contraditória, por exemplo, em campanhas sobre prostituição, contracepção, prazer sexual, reformas do bem-estar social etc.[37]. Também naquela época, os mesmos grupos políticos que se uniam para obter votos cultivavam tabus em relação a liberdade e orientação sexual, em um sistema de "valores morais" muito próximos aos partidos de direita[38].

---

[35] LOWER, Wendy. *As mulheres do nazismo*. Rio de Janeiro: Rocco, 2014, p. 23.
[36] MENDES, Soraia da Rosa; PENAFORTE, Maria Eduarda Gomes; MARTÍNEZ, Ana Maria. Os Crimes de Lesa Humanidade e o Encontro de uma Criminologia Feminista dos Direitos Humanos em "O Leitor". In: MACHADO, Bruno Amaral; Zackseski, Cristina; DUARTE, Evandro Piza. *Criminologia & Cinema*: memória e verdade. Barcelona: J.M. Bosch, 2020. p. 459-482.
[37] LOWER, Wendy. *As mulheres do nazismo*. Rio de Janeiro: Rocco, 2014, p. 29.
[38] *Idem*, p. 29.

De outro lado, sob o signo do nacional-socialismo, colocadas em condição de subalternidade dentro do partido, às mulheres e meninas era permitido ir às ruas em desfiles, comícios e marchas, além de participar de cerimônias de hasteamento da bandeira[39].

O conformismo político era exigido das mulheres, e até das meninas. A doutrinação formal começava na idade de 10 anos. Em 1936, a adesão à ala de meninas da Juventude Hitlerista, a Liga das Meninas Alemãs (*Bund deutscher Mädel*, BdM) era compulsória. [...] A liga satisfazia o desejo de muitas meninas – políticos ou não – por convivência e amizades duradouras. Para algumas era um trampolim para pertencer realmente ao Partido Nazista e fazer carreira dentro do movimento, um meio de adquirir a forma adequada. [...]

As jovens da época olhavam para a frente, não para trás. Não se proclamavam feministas. Na verdade, a maioria de sua geração desprezava as *suffragettes* como antiquadas. Quando os nazistas mandaram abolir o voto feminino, em 1933, as alemãs não fizeram nenhuma greve de fome. O inimigo delas não era "o macho opressor"; para muitas, ficou sendo "o judeu", "o bolchevique" e "a feminista". Hitler declarou em 1934 que era o intelectual judeu quem pregava a emancipação da mulher. O movimento nazista iria "emancipar a mulher da emancipação feminina". [...]

As mulheres que se sentiam fortalecidas pelo movimento nazista vivenciavam uma espécie de liberação na camaradagem, não como feministas querendo desafiar o patriarcado, mas como agentes de uma revolução racista, conservadora. Como membros plenos da sociedade ariana fascista, elas eram políticas a despeito de si mesmas. [...][40]

Qualquer semelhança com os dias atuais não é mera coincidência.

A ideologia do *Volk* tinha sua própria estética feminina. Segundo essa ideologia, a beleza era produto de uma dieta saudável e atletismo, e não de cosméticos. As mulheres e meninas alemãs não

---
[39] *Idem*, p. 37.
[40] *Idem*, p. 35-37.

deveriam pintar as unhas, depilar as sobrancelhas, usar batom, tingir os cabelos ou ser muito magras. [...]
Os homens deveriam se casar com uma moça da vizinhança, não com uma assanhada da cidade ou uma *vamp* estilo Hollywood. O brilho natural de uma jovem deveria irradiar dos exercícios físicos, da vida ao ar livre e, em sua mais elevada forma, da gravidez[41].

Vale lembrar que, como diz Lower, Hitler não foi eleito democraticamente, e sim nomeado como chanceler por uma trama de homens mais velhos, da alta classe social, que julgavam poder usar o jovem arrivista para esmagar a esquerda e restaurar o conservadorismo[42]. Mas, seja como for, em 1939, da população feminina inteira da Alemanha (estimada em 40 milhões), nada menos do que 13 milhões estavam engajadas em alguma atividade do Partido Nazista[43] que, logo após sua ascensão, em 1933, colocou nada menos que 8 mil mulheres comunistas, socialistas, pacifistas e "associais" entre as figuras as serem perseguidas[44].

Mulheres que perseguem mulheres não é algo novo na história. E, portanto, não devem estar imunes às responsabilidades que lhes cabe na medida em que sustentam regimes autoritários.

Voltando a 2016, para a peça teatral fascista encontrar no palco uma mulher desempenhando o papel de mandatária da nação, sem nenhuma ironia, veio ao encontro de um roteiro historicamente conhecido.

Dilma Rousseff tornou-se alvo de xingamentos que buscavam no imaginário coletivo a repulsa àquelas que são consideradas pelo "cidadão de bem patriarca da tradicional família brasileira" a escória entre as mulheres. Muito além de serem as ofensas vociferadas contra a então Presidenta, como mulher

---

[41] *Idem*, p. 37-38.
[42] *Idem*, p. 32.
[43] *Idem*, p. 23.
[44] *Idem*, p. 32.

que é, o que se viu e ouviu em 2016 se tratava de um ataque ao próprio Estado Democrático de Direito e à República, que se reconhece desde 1988.

Divergências e falas fortes são comuns na política. A opção pela narrativa misógina, entretanto, cruza a linha do campo do democrático, pois seu objetivo é destruir a política.

A derrubada, em 2016, da Presidenta legitimamente eleita não é um mero fato. Trata-se de um acontecimento político que marca o que chamarei de "a década das esposas".

Um período ainda não encerrado (e eis aqui minha responsabilidade em revisar esta obra pós 2026) em que, da "bela, recatada e do lar", é retomada a pedagogia medieval que busca afastar as mulheres da cena pública.

O patriarcado se alimenta e é retroalimentado pela violência. E, todas as vezes que a figura de uma esposa toma relevo, ao passo que poucas mulheres, ou nenhuma, figuram nas fotos do corpo ministerial de um governo, das procuradorias e/ou dos tribunais superiores, ele se fortalece e as violências de todo tipo que o sustentam grassam.

Aí reside a violência processual cada vez maior sofrida pelas advogadas no exercício da profissão, a violência institucional criadora dos obstáculos encontrados pelas magistradas para ascender na carreira, a violência política expressa em numerosas formas de impedir a fruição dos direitos políticos pelas mulheres dentro, e em especial, dos ambientes de poder no legislativo e no executivo.

A partir dessa constatação, na linha do proposto por Betinho para uma análise de conjuntura, em 2024 a correlação de forças é, desafortunadamente, desfavorável. Mudar essa realidade dependerá muito de que se (re)conheça o caráter estrutural do patriarcado como uma ameaça não somente a nós mulheres, mas a qualquer sistema democrático.

3
Lawfare de gênero: violência processual, violência institucional e violência política contra as mulheres

Sem sombra de dúvidas, toda e qualquer disposição legal destinada a coibir a violência de gênero é um instrumento em defesa dos direitos humanos das mulheres. E esse é o caso da violência processual, da violência institucional e da violência política, todas formas de violência de gênero, que encontram referência no direito interno brasileiro, respectivamente nas Leis n. 14.612, de 3 de julho de 2023 (violência processual ou assédio moral no exercício da advocacia); 14.321, de 31 de março de 2022 (violência institucional); e 14.197, de 1º de setembro de 2021 (violência política).

Entretanto, por melhor que seja, nenhuma lei é perfeita. E as citadas apresentam lacunas que reclamam um adequado exercício hermenêutico para sua efetividade. Nunca é demais repetir: não se deve "jogar a criança fora com a água do banho". Daí porque ser válido todo o esforço de buscarmos extrair de cada uma delas bons resultados a partir da função que nelas reconhecemos enquanto normas protetivas de direitos humanos.

No campo do processo penal, como já tive a oportunidade de escrever[1], vários aspectos da teoria da prova e da teoria da decisão demandam um giro epistemológico para que se vá além de inferências normativas. O que, como proponho, resultará em um sistema maior de controle epistêmico fundado nos direitos e garantias fundamentais das mulheres, a partir da admissão de inferências interpretativas.

---
[1] MENDES, Soraia. *Processo Penal Feminista*. 2. ed. São Paulo: Atlas, 2021, p. 90.

Em verdade, a validade e a legitimidade de toda e qualquer norma está condicionada à função e ao sentido que toma em consonância com a normatividade constitucional e convencional cuja finalidade é impulsionar e satisfazer, no caso das mulheres, as demandas por redistribuição, reconhecimento e participação[2]. Ou, em outras palavras, pela prevalência e pela realização dos direitos civis, políticos, econômicos, sociais, culturais e ambientais de todas.

No direito internacional dos direitos humanos, a atividade interpretativa exige que se atribua primazia *à norma* que se revele *mais favorável à* pessoa humana, em ordem a dispensar--lhe a *mais* ampla proteção jurídica.

Nesse sentido, a exemplo da Corte Europeia de Direitos Humanos, também a Corte Interamericana de Direitos Humanos tem na Convenção de Viena (1969) "princípios geralmente aceitos de Direito Internacional", de modo a já ter reconhecido, por exemplo, "que o princípio da boa-fé e a concordância da interpretação com a evolução dos tempos e condições de vida atuais, assumem importância direta na interpretação da Convenção Americana de Direitos Humanos" (Parecer Consultivo n. 17/2022).

Por lógica via de consequência, compete a quem interpreta a jurisprudência oriunda dos diferentes sistemas de proteção aos direitos humanos[3], em especial o interamericano, a

---

[2] Dentre outros trabalhos da autora, ver: FRASER, Nancy. Redistribuição, reconhecimento e participação: por uma concepção integrada da justiça. In: PIOVESAN, Flávia; IKAWA, Daniela; SARMENTO, Daniel (coord.). *Igualdade, diferença e direitos humanos*. Rio de Janeiro: Lumen Juris, 2008.

[3] No âmbito interno já se manifestou o Supremo Tribunal Federal sobre esse tema: "HERMENÊUTICA E DIREITOS HUMANOS: A NORMA MAIS FAVORÁVEL COMO CRITÉRIO QUE DEVE REGER A INTERPRETAÇÃO DO PODER JUDICIÁRIO. – Os magistrados e Tribunais, no exercício de sua atividade interpretativa, especialmente no âmbito dos tratados internacionais de *direitos humanos*, devem observar um princípio hermenêutico básico (tal como aquele proclamado no Artigo 29 da Convenção Americana de *Direitos Humanos*), consistente em atribuir primazia à norma que se revele mais favorável à pessoa humana, em ordem a dispensar-lhe a mais ampla proteção jurídica. – O Poder

partir das decisões exaradas pela respectiva Corte, uma operação hermenêutica mais sofisticada que congrega, ao menos, três premissas:

i) a interpretação sistemática dos direitos humanos reconhece seu caráter inerente ainda quando implícitos. Isto é, a ausência literal de poderes para a realização de uma finalidade não significa ausência factual de poderes. A busca por meios que instrumentalizem os poderes com o fim de realizar o conteúdo dos direitos humanos expressos em normas e/ou na jurisprudência internacional;

ii) a efetividade, ou seja, compete a quem interpreta fazê-lo de maneira que os efeitos protetivos dos direitos humanos (previstos em normas ou presentes em decisões das cortes internacionais) sejam aproveitados *in totum*. É de se evitar que as regras e as decisões relativas aos direitos humanos sejam consideradas meramente programáticas;

iii) a interpretação autônoma, no âmbito internacional, significa que os conceitos e os termos inseridos nos tratados de direitos humanos podem possuir sentidos próprios, distintos dos sentidos a eles atribuídos pelo direito interno, para dotar de maior efetividade os textos internacionais de direitos humanos, tal como a Corte Interamericana de Direitos Humanos já o fez ao entender que "o vocábulo 'leis' deve ser buscado como termo incluído em tratado internacional. Não se trata, portanto, de determinar a acepção do substantivo 'leis' no direito interno de um Estado-parte" (Parecer Consultivo n. 6/86).

Judiciário, nesse processo hermenêutico que prestigia o critério da norma mais favorável (que tanto pode ser aquela prevista no tratado internacional como a que se acha positivada no próprio direito interno do Estado), deverá extrair a máxima eficácia das declarações internacionais e das proclamações constitucionais de direitos, como forma de viabilizar o acesso dos indivíduos e dos grupos sociais, notadamente os mais vulneráveis, a sistemas institucionalizados de proteção aos direitos fundamentais da pessoa humana, sob pena de a liberdade, a tolerância e o respeito à alteridade humana tornarem-se palavras vãs. – Aplicação, ao caso, do Artigo 7º, n. 7, c/c o Artigo 29, ambos da Convenção Americana de *Direitos Humanos* (Pacto de São José da Costa Rica): um caso típico de primazia da regra mais favorável à proteção efetiva do ser humano" (HC 91361, rel. Celso de Mello, 2ª T., j. 23-9-2008, *DJe*-025, Divulg 5-2-2009, Public 6-2-2009, Ement VOL-02347-03 PP-00430, RTJ VOL-00208-03 PP-01120. Grifei).

Sob essa ótica, toda a análise que farei neste capítulo sobre a violência de gênero processual, institucional e política parte da que considero ser a mais adequada concepção hermenêutica das normas de direito interno cuja natureza encontra-se nos direitos humanos e fundamentais.

3.1. Mulheres "sobreviventes", "em situação" ou "vítimas" de violência? As razões políticas e jurídicas para o uso do termo "vítima" de violência de gênero

Primeiramente, é importante demarcar que, acima das diferentes e anódinas expressões tecnicamente utilizadas para designar a presença de uma mulher nos autos de processos judiciais e/ou quaisquer outros tipos de procedimentos administrativos, políticos e disciplinares (tais como "ofendida", "autora", "ré", "reclamante", "interessada", "terceiro" etc.), é a posição de "vítima" a que melhor define seu espaço enquanto sujeito em casos de violência processual, institucional e política.

Assim, por exemplo, nomear como "vítima" "a autora" de uma ação reparatória por danos morais em decorrência de atos de violência sofridos ou mesmo uma "denunciada" em um procedimento de cassação de mandato de cunho claramente misógino não é diminuir-lhe a força em decorrência de uma suposta vulnerabilidade. Pelo contrário, é reconhecer o lugar em que se encontra como uma forma de vulneração[4].

Como escrevi na obra *Feminicídio de Estado*, "vulnerável" e "vulnerabilidade" são palavras corriqueiramente utilizadas para definir pessoas ou grupos de pessoas em situações de precariedade econômica, social, cultural e política.

Pelo adjetivo "vulnerável", entende-se a possibilidade de ser ferido, machucado ou violado. Alguém vulnerável é alguém que, por alguma circunstância, tem maior probabilidade de

---

[4] MENDES, Soraia da Rosa. *Feminicídio de Estado*. 2. ed. São Paulo: Blimunda, 2023, p. 66-68.

sofrer um dano do que outra pessoa em uma mesma situação. Já pelo substantivo "vulnerabilidade", entende-se a característica de algo ou alguém que apresenta falhas ou incoerências. É sinônimo, pois, de fragilidades intrínsecas ao sujeito.

Essas concepções de "vulnerável" e "vulnerabilidade", repito também aqui, são muito atraentes e convenientes em um mundo que separa perdedores e vencedores pela métrica de êxito do sujeito neoliberal, pois têm o condão de obscurecer as causas das vulnerabilidades que afetam as pessoas denominadas vulneráveis.

Escondem, em verdade, que, econômica, social, cultural e politicamente, não existem, ontologicamente, vulnerabilidades, mas vulnerações. Pessoas não são *vulneráveis*, mas, sim, *vulneradas*. E aí está a razão principal para que a minha referência não esteja no adjetivo "vulnerável" ou no substantivo "vulnerabilidade", mas, sim, no verbo "vulnerar".

O verbo "vulnerar" (do latim *vulnus*, significa "ferida", ou seja, o ato de ferir, de machucar) nos auxilia a saber o que precisa mudar, contra o que precisamos lutar. Já o termo "vulnerável" encerra o perigo de pensarmos que a vulnerabilidade é uma característica da pessoa, e não das estruturas nas quais se vive.

Normativamente, cabe referir que a Declaração e Programa de Ação de Viena, em certa altura, faz referência à proteção de grupos que *se tornaram vulneráveis*, não que o sejam. Nos termos exatos da declaração, deve ser dada "especial ênfase a medidas tendentes a estabelecer e fortalecer instituições relacionadas com os Direitos Humanos, ao reforço de uma sociedade civil pluralista e à proteção de grupos que se tenham tornado vulneráveis" (II, C, 67).

Como esclarece a Convenção sobre a Eliminação de Todas as Formas de Discriminação contra a Mulher (CEDAW, 1979), nos termos da Recomendação n. 19 (1992), a violência é a expressão máxima da discriminação contra as mulheres. E, como prescreve a Declaração sobre Eliminação da Violência contra as Mulheres (1993), se entende por violência contra as mulheres todo e "qualquer ato de violência de gênero que resulte ou possa resultar em danos ou sofrimentos físicos, sexuais ou mentais para as mulheres, inclusive ameaças de tais atos, coação ou privação arbitrária de liberdade, seja em vida pública ou privada".

Reconhecer-se como vítima de violência processual, institucional e política e afirmar-se enquanto tal como sujeito do processo (seja de que natureza for) vai ao encontro do que a Corte Interamericana de Direitos Humanos tem afirmado em seus precedentes[5] ao considerar vítimas todas as pessoas que de algum modo foram afetadas e sofreram consequências de determinada ação.

De igual forma, também está previsto nos Princípios e Diretrizes Básicas sobre o Direito a Recurso e Reparação para Vítimas de Violações Flagrantes das Normas Internacionais de Direitos Humanos e de Violações Graves do Direito Internacional Humanitário (Resolução das Nações Unidas n. 60/147, 16-12-2005) segundo os quais:

> são vítimas todas as pessoas que, individual ou coletivamente, tenham sofrido dano, nomeadamente físico ou mental, sofrimento emocional, prejuízo econômico ou atentado importante aos seus direitos fundamentais, como resultado de atos ou omissões que constituam violações flagrantes das normas internacionais de direitos humanos, ou violações graves do direito internacional humanitário.

Por sua vez, a Resolução n. 40/34, aprovada pela Assembleia Geral da ONU, em 29 de novembro de 1985, aduziu à Declaração dos Princípios Básicos de Justiça para as Vítimas de Delitos e Abuso de Poder uma ampla concepção, dispondo sobre as vítimas de delitos e as vítimas do abuso de poder, da seguinte forma:

> 1. O termo "vítimas" designa as pessoas que, individual ou coletivamente, tenham sofrido um dano, nomeadamente um dano físico ou mental, um sofrimento emocional, um prejuízo econômico

---

[5] CORTE IDH. *Caso Ximenes Lopes vs. Brasil*. Sentença 4-7-2006; entre outros.

ou um atentado importante aos seus direitos fundamentais, em resultado de atos ou omissões que violem as leis penais em vigor nos Estados Membros, incluindo as leis que criminalizam o abuso de poder.

2. Uma pessoa pode ser considerada "vítima", ao abrigo da presente Declaração, independentemente do facto de o autor ter ou não sido identificado, capturado, acusado ou condenado e qualquer que seja a relação de parentesco entre o autor e a vítima. O termo "vítima" inclui também, sendo caso disso, os familiares próximos ou dependentes da vítima direta e as pessoas que tenham sofrido danos ao intervir para prestar assistência a vítimas em perigo ou para impedir a vitimização.

3. As disposições da presente Declaração aplicam-se a todas as pessoas, sem qualquer distinção, nomeadamente de raça, cor, sexo, idade, língua, religião, nacionalidade, opiniões políticas ou outras, convicções ou práticas culturais, situação económica, nascimento ou situação familiar, origem étnica ou social, ou deficiência.

Ainda que possamos concordar que as expressões "sobrevivente" ou "em situação de", que têm sido utilizadas para designar a posição de mulheres que passaram por experiências de violência, apresentem justificativas sociológicas de ser, a incorporação desses termos, política e juridicamente acaba invisibilizando responsabilidades e sendo muito pouco útil.

Politicamente, como dizia eu, ao afirmar a prevalência do verbo "vulnerar" em relação ao substantivo "vulnerabilidade", nomear de modo diverso uma mulher vulnerada direta e/ou indiretamente pelo Estado (como claramente é o caso das vítimas das violências processual, institucional e política) é confundir contra "o quê" se deve lutar e "qual a pauta de reivindicações" que se deve propor.

Na maioria dos casos, primeiro vem a vulneração, depois a vulnerabilidade. Por isso, precisamos identificar as vulnerações de direitos e denunciá-las, pois o efeito da vulneração dos direitos é a vulneração das pessoas. Como diz Antonio Madrid:

Si se pierde de vista esta conexión entre vulneración y vulnerabilidad, la popularización del uso de los términos 'vulnerable' y 'vulnerabilidad' contribuirá a extender el discurso neoliberal según el cual cada persona es responsable, y sólo ella, de su suerte o mala suerte. Frente a esto, hay que identificar cuándo estamos ante situaciones de vulneraciones que, entre otros efectos, hacen vulnerables a las personas[6].

De outra banda, juridicamente, à vista da necessidade (que me parece urgente) de que provoquemos o Estado em todas as suas esferas a orientar-se pelos documentos internacionais de direitos humanos e pelas decisões tomadas, em especial, no âmbito do sistema interamericano de direitos humanos, não demarcar em todos os momentos do processo que estamos a tratar de uma forma de violência de gênero contra uma **vítima**, para os fins de eventual acesso às instâncias internacionais, é totalmente contraproducente.

Mulheres não são vulneráveis, são vulneradas. E esse é o sentido político e jurídico em razão do qual devemos nos referir a elas como vítimas de violência e não como sobreviventes da violência ou em situação de violência.

3.2. Violência contra as mulheres no exercício da advocacia

Como relatei no primeiro capítulo, a expressão "*lawfare* de gênero" surge primariamente das experiências relatadas pelas advogadas no enfrentamento cotidiano às graves violações às suas prerrogativas profissionais em atos de violência processual e de violência institucional. Mas nem todas as formas de violência sofridas por advogadas (ainda que em razão da profissão) caracterizam a *lawfare* de gênero. Simplificações e generalizações (no mais das vezes sem embasamento teórico) são sempre fatores de risco para que violências sejam banalizadas.

Pelo contrário, como repito mais uma vez, a *lawfare* de gênero é *a dimensão instrumental do patriarcado na qual o*

---

[6] MADRID, Antonio. *Vulneración y Vulnerabilidad*: El orden de las cosas. Fundación L'Alternativa. Disponível em: http://www.fundacioalternativa.cat/wp-content/uploads/2015/05/Vulneraci%C3%B3n-y-vulnerabilidadx.pdf. Acesso em: 30 ago. 2018.

direito (por uso ou abuso) converte-se em arma e os diferentes sistemas (judiciário, administrativo, disciplinar e político), em território de guerra, onde por meio do processo, toda e qualquer forma de violência de gênero é admitida para os fins de silenciar e/ou expulsar as mulheres da esfera pública em qualquer âmbito e independentemente do lugar que ocupam[7].

Visto sob essa ótica, há *lawfare* de gênero quando, por exemplo, por via de provimentos judiciais, se busca obstaculizar o cumprimento de normas que visam alcançar a paridade entre os gêneros no judiciário brasileiro, como é a Resolução n. 525/2023 do Conselho Nacional de Justiça (CNJ).

Uma regra decorrente de longo debate e que concluiu com a previsão de que no acesso aos tribunais de 2º grau que não alcançaram, no tangente aos cargos destinados a pessoas oriundas da carreira da magistratura, a proporção de 40% a 60% por gênero, as vagas pelo critério de merecimento devem ser preenchidas por intermédio de editais abertos de forma alternada para o recebimento de inscrições mistas, para homens e mulheres, ou exclusivas de mulheres, observadas as políticas de cotas instituídas pelo CNJ, até o atingimento de paridade de gênero no respectivo tribunal.

Esse me parece ter sido o caso ocorrido em São Paulo, onde um grupo de 20 magistrados daquele estado impetrou mandado de segurança, com pedido de liminar, questionando ato do presidente do Tribunal de Justiça de São Paulo que determinou a abertura de concurso para provimento de um assento naquela Corte destinado à promoção por merecimento apenas para mulheres[8].

Simbolicamente é interessante notar que a resistência à paridade e a probabilidade de judicialização do tema, desde

---

[7] MENDES, Soraia. *Criminologia feminista*: novos paradigmas. 3. ed. São Paulo: Saraiva, 2023, p. 140.

[8] Disponível em: https://www1.folha.uol.com.br/blogs/frederico-vasconcelos/2024/03/juizes-paulistas-pedem-a-anulacao-de-concurso-so-para-mulheres.shtml. Acesso em: 15 jun. 2024.

muito cedo, foi anunciada pela imprensa como uma "verdadeira guerra", como assim dizia o colunista da *Folha*, Frederico Vasconcelos:

> Na sessão em que o CNJ aprovou a resolução para reduzir a desigualdade de gênero no Judiciário, a ministra Rosa Weber foi aplaudida quando leu mensagem do então secretário-geral, juiz Gabriel Matos: "Não é guerra dos sexos, é aliança dos gêneros em prol do avanço civilizatório".
>
> **Prevê-se guerra judicial** e uma disputa entre homens e mulheres nas próximas promoções. Há resistência nos tribunais e tensão diante do risco de injustiças.
>
> O racha na Ajufe (Associação dos Juízes Federais do Brasil), com a renúncia coletiva de 22 juízas e juízes por não compactuar com os procedimentos da diretoria, sugere a dificuldade de reproduzir o consenso obtido no CNJ, quando foi aprovada a norma que institui a alternância entre mulheres e homens nas promoções.
>
> "**Percebo nessa atitude um comportamento misógino**, jamais adotado pela associação anteriormente em situações nas quais houve interesses contrapostos de associados", disse a relatora do processo, conselheira Salise Sanchotene[9].

Não pretendo me alongar na análise desse caso, embora sobre ele tenha me debruçado em arrazoado ainda inédito. Meu interesse ao aqui citá-lo, por ora, é o de simplesmente corroborar minha hipótese de que todas nós (advogadas, juízas, políticas e cidadãs) podemos ser vítimas de *lawfare* político ou econômico. Mas, em todos os casos, contra nós, ele sempre também será de gênero.

De modo perversamente particular, contudo, é de reconhecer que a violência de gênero contra as advogadas, principalmente em relação àquelas que se qualificam enquanto defensoras de direitos humanos, é incomparavelmente maior do que em qualquer outro quadrante da esfera pública.

---

[9] Disponível em: https://www1.folha.uol.com.br/blogs/frederico-vasconcelos/2023/10/resistencia-a-paridade-pode-judicializar-promocoes-nos-tribunais.shtml. Acesso em: 15 jun. 2024. Grifei.

Como apresentei no primeiro capítulo dessa obra no qual historicizei a construção da expressão "*lawfare* de gênero" e de seu conceito, entre os anos de 2022 e 2023, retomo novamente agora a pesquisa "*Lawfare* de gênero: a necessária e urgente construção de um protocolo para a atuação ética e profissional de integrantes da advocacia sob a perspectiva de gênero a partir da pesquisa nacional para identificação de casos de violência de gênero contra advogadas em razão do exercício da profissão", que tive a honra de propor e coordenar.

O relatório final da pesquisa, como já mencionei, foi lançado em março de 2023 com o apoio da OAB – Seccional São Paulo, encontra-se disponível como material suplementar desta obra para que seja conhecida a sua integralidade e dali se extraiam novas possibilidades de investigação, como a que está sendo promovida em Alagoas pela Associação de Mulheres Advogadas de Alagoas (Amada), pelo Sindicato dos Advogados e Advogadas do Estado de Alagoas (Sindav), pela Associação dos Advogados Trabalhistas de Alagoas (Aatal), pelo Movimento de Valorização da Mulher Advogada (MVMA) e pela Associação Nacional da Advocacia Criminal, mais uma vez em parceria com o grupo de pesquisa Carmim – Feminismo Jurídico, da Faculdade de Direito de Alagoas (FDA/Ufal).

Nos marcos da pesquisa pioneira recebemos, ao todo, 191 respostas[10] de advogadas de todas as unidades federativas, o que permitiu desenhar um quadro geral da realidade vivida no cotidiano da advocacia feminina, a mostrar que:

- 80,6% das advogadas já se sentiu ameaçada no exercício da profissão em razão do seu gênero e/ou de suas clientes;
- as violações não foram pontuais, tendo ocorrido sistematicamente durante a relação profissional (35,6%), extrapolando a atuação profissional em 19,4% dos casos;
- em 90,4% dos casos a violência foi praticada por pessoa do sexo masculino (o que reforça a condição de gênero inerente à *lawfare*);

---

[10] Uma única advogada não autorizou a utilização de seus dados para fins da pesquisa, de modo que foram consideradas, no todo, 190 respostas.

- 83,6% acredita que atuar em causas pautadas em violência baseada no gênero a torna mais vulnerável a esse tipo de violência.

Para além dos dados e relatos recolhidos na pesquisa, muitos seriam outros casos que aqui poderiam ser descritos como exemplificativos das tantas formas de violência a que uma mulher está sujeita ao dedicar-se à advocacia. Afinal, eles estampam as manchetes em todo o Brasil, como uma simples busca na *web* pode comprovar:

> *Diretora do Me Too Brasil, que atua em mais de 250 casos de violência sexual contra mulheres, é ameaçada de morte*[11] (São Paulo, 8-11-2022)
>
> *Advogada que trabalha na defesa de mulheres vítimas de violência tem carro incendiado em Pelotas*[12] (Rio Grande do Sul, 19-3-2023)
>
> *Promotor de Justiça compara advogada a 'cadela' durante julgamento no AM*[13] (Amazonas, 13-9-2023)
>
> *Promotor chama advogada de 'feia' e diz que não a beijaria durante júri*[14] (Goiás, 22-3-2024)
>
> *Promotor chama advogada de galinha no tribunal: "Faz striptease"*[15] (Minas Gerais, 26-3-2024)
>
> *"Me ameaçou de morte e me coagiu dentro do fórum", desabafa advogada*[16] (Alagoas, 9-4-2024)

---

[11] Disponível em: https://g1.globo.com/sp/sao-paulo/noticia/2023/02/28/diretora-do-me-too-brasil-que-atua-em-mais-de-250-casos-de-violencia-sexual-contra-mulheres-e-ameacada-de-morte-veja-video.ghtml. Acesso em: 15 jun. 2024.

[12] Disponível em: https://g1.globo.com/rs/rio-grande-do-sul/noticia/2023/03/21/advogada-que-trabalha-na-defesa-de-mulheres-vitimas-de-violencia-tem-carro-incendiado-em-pelotas-video.ghtml. Acesso em: 15 jun. 2024.

[13] Disponível em: https://noticias.uol.com.br/cotidiano/ultimas-noticias/2023/09/13/promotor-julgamento-advogada-cadela-video.htm?cmpid=copiaecola. Acesso em: 15 jun. 2024.

[14] Disponível em: https://g1.globo.com/go/goias/noticia/2024/03/23/promotor-chama-advogada-de-feia-e-diz-que-nao-a-beijaria-durante-audiencia-ouca-audio.ghtml. Acesso em: 15 jun. 2024.

[15] Disponível em: https://www.metropoles.com/colunas/paulo-cappelli/promotor-chama-advogada-de-galinha-no-tribunal-faz-striptease-veja. Acesso em: 15 jun. 2024.

[16] Disponível em: https://www.gazetaweb.com/noticias/policia/me-ameacou-de-morte-e-me-coagiu-dentro-do-forum-desabafa-advogada-757049. Acesso em: 15 jun. 2024.

Nem todos os casos citados configuram propriamente formas de violência processual e/ou institucional contra as advogadas a ponto de configurar *lawfare* de gênero. Contudo, pincei um que, embora estando em outra órbita de violência de gênero, me pareceu paradigmático pela pronta e firme atuação coordenada entre a sociedade civil, a Ordem dos Advogados do Brasil e o Estado por seus órgãos de segurança pública. Uma concertação cujo ineditismo deveria servir de exemplo em casos semelhantes.

Eis o caso[17]:

Em 9 de abril de 2024, a advogada Sandra Gomes encontrava-se nas dependências do Fórum Desembargador Jairon Maia Fernandes, cidade de Maceió, aguardando horário de audiência junto com seus clientes, quando foi abordada pelo ex-marido de uma outra cliente, réu em ação criminal por ela patrocinada.

O homem aproximou-se proferindo ameaças contundentes relativas à sua atuação profissional. Somente tendo cessado quando uma outra advogada se aproximou e permaneceu ao lado da Dra. Sandra para protegê-la.

Vítima de tamanha violência, a advogada buscou auxílio na 22ª Vara de Família onde aguardava audiência, acionou a segurança do Fórum e comunicou o que havia ocorrido à Associação de Mulheres Advogadas de Alagoas (Amada).

A Amada prontamente acionou a respectiva Seccional da Ordem dos Advogados do Brasil e ambas provocaram manifestação do Conselho Estadual de Segurança Pública de Alagoas, que sobreveio em 11 de abril de 2024, em decisão da lavra de seu presidente, o Conselheiro Maurício César Brêda Filho.

Na representação, a Ordem dos Advogados do Brasil (OAB/AL) salientou que o responsável pelas ameaças possuía histórico violento, tendo proferido a ameaça nos seguintes termos: "Você está pensando que eu não sei lidar com advogado criminalista?",

---

[17] Disponível em: https://www.oab-al.org.br/2024/04/oab-al-promove-ato-em-apoio-a-advogada-vitima-de-violencia-e-ameacas-no-forum-de-maceio/. Acesso em: 15 jun. 2024.

em postura ameaçadora, inclusive impedindo com o ombro a denunciante de se retirar do local.

De outro lado, como consta na decisão liminar do Conselho, foi "identificado que o Fórum da Capital não dispõe de sistema de câmera e monitoramento em tempo real; e que, os seguranças são orientados a não intervir em tais situações". Tudo, portanto, a demonstrar um conjunto de fatores de risco para todas as advogadas e suas clientes vítimas de violência de gênero que têm de frequentar as dependências daquele órgão do poder judiciário alagoano.

Mas, diferentemente do que costuma acontecer em casos de violência contra as mulheres no país, de forma precursora, o Conselheiro entendeu ser, *in verbis*:

> dever deste Conselho de Segurança prezar pela segurança, tranquilidade e garantir o livre exercício profissional da Dra. Sandra, que é uma representante da sociedade no exercício do seu mister e qualquer atitude que venha a impedir ou tentar intimidar o seu exercício profissional é uma clara afronta ao próprio Estado Democrático de Direito.
>
> [...] como é sabido, a segurança pessoal concedida por este Colegiado é prestada por meio de um ou mais policiais, sendo o deslocamento de policial militar de suas atividades típicas medida excepcional somente passível de deferimento por justificativa plausível. Dito isto, quando da análise do caso concreto, fica desde logo demonstrado que a situação de risco da Advogada é notória, tendo em vista a atualidade das ameaças proferidas, uma vez que ocorreram em 9-4-2024, assim como a gravidade do caso, uma vez que o suposto ameaçador se dirigiu ao Fórum da Justiça Estadual, local onde circulam diversas autoridades, assim como agentes da segurança pública, a fim de proferir ameaças em face da Advogada, sem qualquer temor.
>
> Em razão do exposto, verificando o preenchimento dos requisitos exigidos pela Resolução n. 002/2016, quanto à gravidade e atualidade do risco alegado, assim como a apresentação do competente Boletim de Ocorrência, no uso da competência atribuída a este Conselheiro, enquanto Presidente deste Colegiado, por força do art. 6º da Resolução n. 002/2016, e art. 29, inciso XIV do Regimento interno deste Conselho, DEFIRO, *ad referendum* do pleno, a concessão de segurança a Advogada Sandra Barbosa Gomes, a ser prestada

por 1 (um) policial militar, pelo período de 15 (quinze) dias. Ademais, determino ainda que a Secretaria deste Conselho adote as providências necessárias, quanto a intimação do suposto ameaçador, para realização de oitiva do mesmo no dia 12-4-2024, às 9:30h/min.

Esse caso, a envolver a Dra. Sandra Gomes, criminalista alagoana, é exemplar em vários sentidos.

O primeiro por demonstrar, como referido, a insegurança vivida pelas advogadas no cotidiano de exercício de suas atividades profissionais.

O segundo por comprovar que a organização da sociedade civil, ali representada pela Amada, é fundamental para que as instituições funcionem rápida e adequadamente, como é o caso da Ordem dos Advogados do Brasil, Seccional Alagoas.

E, por fim, o terceiro, por a partir dele ter emergido manifestação estatal que reconhece a violência de gênero sofrida pela advogada como uma agressão ao próprio Estado Democrático de Direito capaz de ensejar o deferimento de pronta decisão destinada a salvaguardar a vida e a integridade física da advogada.

Quisera fosse o caso alagoano no que representa de positivo a regra em todo o país. Mas não é assim.

Pelo contrário, são variadas e inúmeras as outras formas de violências que as advogadas enfrentam no dia a dia. Algumas delas vindas do próprio meio da advocacia, em ações e omissões configuradoras do que convém seja reconhecido como violência processual no contexto da *lawfare* de gênero nos termos que conceituei anteriormente.

3.2.1. A violência processual (assédio moral) e o Tribunal de Ética e Disciplina (TED) como território de guerra

Três meses após a publicação da nossa pesquisa "*Lawfare* de gênero: a necessária e urgente [...]"[18] em março de 2023, foi

---

[18] Disponível como material suplementar desta obra: "*Lawfare* de gênero: a necessária e urgente construção de um protocolo para a atuação ética e

editada a Lei n. 14.612, em 3 de julho de 2023, incorporando ao Estatuto da Advocacia o assédio moral, o assédio sexual e a discriminação entre as infrações ético-disciplinares no âmbito da Ordem dos Advogados do Brasil. Uma norma que, de modo particular, nos interessa aqui, para os fins de compreensão do que seja violência processual a partir da definição normativa de assédio moral nela veiculada.

Como restou consignado no art. 34, § 2º, I, do Estatuto da OAB, define-se o assédio moral como:

> a conduta praticada no exercício profissional ou em razão dele, por meio da repetição deliberada de gestos, palavras faladas ou escritas ou comportamentos que exponham o profissional que esteja prestando seus serviços a situações humilhantes e constrangedoras, que lhes cause ofensa à personalidade, à dignidade e à integridade psíquica ou física.

À vista de todo o que até aqui já foi exposto teórica e empiricamente, é perceptível que a nomenclatura dada à conduta descrita no dispositivo padece de extremo reducionismo. Quiçá um pouco mais de aprofundamento tivesse conduzido o parlamento a aprovar norma mais condizente em sentido amplo com as demandas das mulheres advogadas vítimas da violência processual de gênero.

Um defeito que, enfim, no objetivo de obter o melhor da norma, um bom exercício hermenêutico pode solucionar, pois vejamos:

O art. 33, *caput*, do Estatuto da Advocacia é expresso em afirmar que o advogado e a advogada se obrigam "a cumprir rigorosamente os deveres consignados no Código de Ética e Disciplina". Codificação esta que, por sua vez, regula os deveres do advogado e da advogada "para com a comunidade, o cliente, o outro profissional" e, ainda, "o dever geral de urbanidade e os respectivos procedimentos disciplinares".

---

profissional de integrantes da advocacia sob a perspectiva de gênero a partir da pesquisa nacional para identificação de casos de violência de gênero contra advogadas em razão do exercício da profissão".

Por seu turno, o Código de Ética e Disciplina estabelece em seu art. 2º que o advogado e a advogada não somente são indispensáveis à administração da Justiça, mas também verdadeiros defensor e defensora

> do Estado Democrático de Direito, dos direitos humanos e garantias fundamentais, da cidadania, da moralidade, da Justiça e da paz social, cumprindo-lhe exercer o seu ministério em consonância com a sua elevada função pública e com os valores que lhe são inerentes.

Obrigações essas correlatas ao que também cabe à própria instituição, que tem por finalidade, como dispõe o art. 44, I, do Estatuto:

> defender a Constituição, a ordem jurídica do Estado democrático de direito, os direitos humanos, a justiça social, e pugnar pela boa aplicação das leis, pela rápida administração da justiça e pelo aperfeiçoamento da cultura e das instituições jurídicas;

O compromisso com a defesa dos direitos humanos e garantias fundamentais é claro e inegável. Tanto do que corresponde aos advogados e às advogadas no exercício da profissão quanto da Ordem. De modo que o compromisso com o arcabouço jurídico nacional e internacional, que busca cessar com as diversas modalidades de violência contra a mulher, não é uma discricionariedade de quem atua na advocacia: é seu dever.

Obviamente que, no exercício de sua atividade (seja no polo em que estiver), o advogado e a advogada possuem um campo vasto para condução de seu trabalho. O que, contudo, não a isenta de observar o respeito às mulheres que figuram no processo.

Enfatizo: a todas as mulheres que figuram no processo!

Nesse sentido, o Protocolo para Julgamento com a Perspectiva de Gênero define que as decisões judiciais as serem tomadas em observância a esse viés envolvem, leia-se:

> questões que vão para além dos autos. **Uma delas é o tratamento das partes envolvidas, como advogadas, promotoras,**

testemunhas e outros atores relevantes. Em sua atuação, recomenda-se que o(a) julgador(a) comprometido(a) com um julgamento com perspectiva de gênero esteja atento(a) às desigualdades estruturais que afetam a participação dos sujeitos em um processo judicial (grifei).

A utilização de termos e expressões, muito especialmente em letras garrafais, tais como "mentirosa", "fantasiosa", "controladora" "possessiva", "alienadora", "caprichosa", "maliciosa", "de comportamento narcísico", "egoísta", "cruel", "verdadeira ditadora", "de personalidade instável e agressiva", "de quadro psicológico instável", "depressiva", "dependente de remédios controlados" etc., são apenas alguns dos exemplos de atos de vexação e humilhação discursiva comuns e corriqueiros em petições, audiências e, até mesmo, fora dos autos dos processos.

Atos estes dirigidos não somente às vítimas (autoras, ofendidas ou rés), como também às suas advogadas, estas últimas muitas vezes rotuladas em petições e em audiência com pejorativos do tipo "defensora de uma 'balela' de gênero", "despreparada", "descontrolada" etc.

A pesquisa "*Lawfare* de gênero: a necessária e urgente [...]"[19] mostrou que 82,4% das advogadas entrevistadas entende que esse tipo de violência é passível de enquadramento como violação de sua prerrogativa de livre exercício da advocacia; e 87,8%, que a violência praticada é passível de enquadramento como violação ética por parte dele. Mas, perguntadas se chegaram a denunciar as violências sofridas, 73,1% respondeu negativamente, em um grupo de 171 entrevistadas.

Dentre as razões para o silêncio em relação às violências sofridas, para 58,9% das advogadas está a certeza da impunidade

---

[19] Disponível como material suplementar desta obra: "*Lawfare* de gênero: a necessária e urgente construção de um protocolo para a atuação ética e profissional de integrantes da advocacia sob a perspectiva de gênero a partir da pesquisa nacional para identificação de casos de violência de gênero contra advogadas em razão do exercício da profissão".

do agressor, o medo da exposição (em 41,1% dos casos) e o medo de represálias (em 37,2% das repostas a esta pergunta).

Das entrevistadas, 87,9% acreditam que, a partir de própria experiência (e/ou de outros casos conhecidos por ela) a OAB não prioriza a proteção das advogadas contra a violência de gênero no exercício da profissão.

É significativo também que 66,1% das advogadas acredite que denunciar a violência baseada no gênero no exercício da profissão a torna mais vulnerável a esse tipo de violência. Sensação de insegurança que desestimula a denúncia e que demonstra a efetividade das dinâmicas de violências inerentes à *lawfare* de gênero.

Em um cenário como esse, o adoecimento tem se tornado a regra, visto que 84,9% das entrevistadas relatam que sua saúde mental, psicológica e/ou física foi afetada em razão da violência sofrida, e 45,5% já pensaram em desistir da advocacia, em mudar de área (14,9%) ou de não mais atender mulheres em situação de violência (6,7%).

No campo do direito internacional dos direitos humanos, a Recomendação Geral n. 33 sobre o acesso das mulheres à justiça do Comitê sobre a Eliminação da Discriminação contra as Mulheres (CEDAW) é clara ao tratar sobre o potencial danoso de estereótipos e preconceitos de gênero no sistema de justiça:

> 26. Os estereótipos e os preconceitos de gênero no sistema judicial têm consequências de amplo alcance para o pleno desfrute pelas mulheres de seus direitos humanos. Eles impedem o acesso das mulheres à justiça em todas as áreas do direito, e podem ter um impacto particularmente negativo sobre as mulheres vítimas e sobreviventes da violência. Os estereótipos distorcem percepções e resultam em decisões baseadas em crenças e mitos preconcebidos em vez de fatos relevantes. [...] Em todas as áreas do direito, os estereótipos comprometem a imparcialidade e integridade do sistema de justiça, que podem, por sua vez, levar à denegação da justiça, incluindo a revitimização de denunciantes.

Atuações de advogados (e advogadas!) baseadas em estereótipos não somente são deselegantes, impróprias dentro dos parâmetros de urbanidade legalmente exigidos em um processo judicial, como também vão na direção oposta ao tratamento devido judicialmente a mulheres em situação de violência. Trata-se, pois, de uma opção argumentativa em conflito com a dignidade humana, portanto, constitucional, convencional e legalmente inadmissível.

Por sinal, a mesma Recomendação Geral n. 33 sobre o acesso das mulheres à justiça do CEDAW não isenta a advocacia de prevalecer-se da violência de gênero quando diz que:

> 27. Juízes, magistrados e árbitros não são os únicos atores no sistema de justiça que aplicam, reforçam e perpetuam estereótipos. Promotores, agentes encarregados de fazer cumprir a lei e outros atores permitem, com frequência, que estereótipos influenciem investigações e julgamentos, especialmente nos casos de violência baseada no gênero, com estereótipos, debilitando as declarações da vítima/sobrevivente e simultaneamente apoiando a defesa apresentada pelo suposto perpetrador. Os estereótipos, portanto, permeiam ambas as fases de investigação e processo, moldando o julgamento final.

Ademais, convém lembrar que a norma instituída no art. 34, XXX, do Estatuto da Advocacia vincula-se à prática definida precisamente no § 2º, I, como uma infração disciplinar a cargo dos competentes órgãos da Ordem dos Advogados do Brasil. De outro lado, contudo, vale lembrar que a Lei n. 8.906/94 é lei federal que dispõe acerca da ética no exercício da advocacia.

A violência processual (assédio moral), por suposto, mina qualquer possibilidade dialógica dentro de padrões minimamente éticos. Daí porque, mais uma vez, vale lembrar que aqui se aplica o Protocolo para Julgamento sob a Perspectiva de Gênero quando diz que:

> ao se considerar que o direito processual reúne princípios e regras voltados à concretização da prestação jurisdicional, como forma de solucionar conflitos de interesses – entre particulares e entre estes e o Estado é importante reconhecer que a magistrada e

o magistrado devem exercer a jurisdição com perspectiva de gênero, solucionando, assim, questões processuais que possam causar indevido desequilíbrio na relação entre os sujeitos do processo.

As mulheres devem poder contar com um sistema de justiça livre de mitos e estereótipos, e com um judiciário cuja imparcialidade não seja comprometida por pressupostos tendenciosos. Eliminar estereótipos no sistema de justiça é um passo crucial na garantia de igualdade e justiça para vítimas[20]. Mas, para tanto, os Tribunais de Ética e Disciplina devem deixar de ser lugares ameaçadores e/ou de impunidade.

A previsão do assédio moral incorporado ao Estatuto da Advocacia pela Lei n. 14.612/2023 é louvável. Sem embargo, o diploma legal representa somente uma face do problema que envolve muitas vezes a atuação dos próprios Tribunais de Ética e Disciplina da OAB, utilizados como território de guerra não somente por perpetuarem a impunidade dos agressores, como também por serem elementos de ameaça contra as advogadas.

De acordo com a pesquisa "Lawfare de gênero: a necessária e urgente [...]"[21], 64,4% das advogadas declararam já terem sido alvo de violência de gênero praticada pelo advogado da outra parte. E, em 29,7% dos casos, as questionadas responderam terem se sentido ameaçadas (ou vítimas de constrangimento similar) em situações cuja "arma" utilizada pelo colega de profissão era concernente a possível abertura de processo ético disciplinar perante a OAB e/ou de outros tipos de procedimentos criminais ou cíveis (interpelação, denunciação caluniosa, danos morais etc.).

---

[20] Recomendação Geral n. 33 (ponto 28) sobre o acesso das mulheres à justiça do Comitê sobre a Eliminação da Discriminação contra as Mulheres (CEDAW).
[21] Disponível como material suplementar desta obra: "Lawfare de gênero: a necessária e urgente construção de um protocolo para a atuação ética e profissional de integrantes da advocacia sob a perspectiva de gênero a partir da pesquisa nacional para identificação de casos de violência de gênero contra advogadas em razão do exercício da profissão".

A forma escolhida para intimidar as advogadas, *mutatis mutandis*, assemelha-se ao já decidido pela Corte IDH no Caso Acosta e outros *vs.* Nicarágua em cujo acordão se lê:

> [A] abertura de causas penais sem fundamento contra um defensor pode acarretar uma violação ao direito à integridade pessoal quando o assédio causado afeta o normal desenvolvimento na vida diária e provoca grandes desequilíbrios na pessoa sujeita a processos judiciais e na sua família. Dada a abertura e maneira em que se seguiram os processos penais e o processo civil como mecanismo de intimidação e assédio pela atividade da senhora Acosta, incluída a busca de justiça pela morte de seu marido, o Estado violou seu direito à integridade psíquica e moral[22].

Em consonância com tal precedente da Corte IDH, há mais de uma década estudos no Brasil apontam para o fenômeno da criminalização e da vitimização das mulheres que encontrou nos últimos anos na expressão "*lawfare* de gênero" sua melhor definição.

Alguns recortes de situações reportadas pelas advogadas entrevistadas na pesquisa ora citada à questão aberta demonstram a verossimilhança das situações que aqui venho descrevendo. Por exemplo, perguntado às advogadas entrevistadas se "Poderia[m] descrever os episódios de violência sofridos?", algumas das respostas foram:

> Intimidação em violência, aumento de tom de voz pelo juiz, xingamento por WhatsApp, ridicularização, ameaça de processo ético, ameaça de processo criminal.
>
> Humilhação, exposição ao ridículo, desdenho, gritos, abuso de direito, violação às prerrogativas de defesa, episódios traumatizantes.
>
> Essa advogadazinha é burra, processe ela, essa menininha não sabe o que faz, ela vai ver o dela... sem falar das inúmeras mentiras referente a documentos.

---

[22] Corte IDH. *Caso Acosta e outros vs. Nicarágua*. Exceções preliminares, mérito, reparações e custas. Sentença de 25-3-2017.

A infração tipificada no art. 34, XXX, do Estatuto da Advocacia é de natureza grave. A pena, como prescreve o art. 37, I, do mesmo diploma, é de suspensão (com a possibilidade de cumulação de multa, art. 39), e consequentemente a interdição profissional em todo o território nacional. E a reincidência da qual decorra a imposição de suspensão por três vezes pode ensejar a exclusão (art. 38, I, do Estatuto), independentemente dos motivos de cada suspensão.

Verificada a ocorrência das condutas previstas no art. 34, XXX, do Estatuto OAB, a Seccional da Ordem dos Advogados do Brasil correspondente deverá ser provocada, para preliminarmente analisar os requisitos de admissibilidade de instauração do processo disciplinar.

Vencida essa etapa, o processo disciplinar será instruído, facultando-se às partes a produção de provas. Por fim, o Tribunal de Ética e Disciplina julgará conforme a análise das circunstâncias do caso concreto.

Salvo se a falta for cometida perante o Conselho Federal, o Tribunal de Ética e Disciplina da Seccional da OAB na qual a pessoa acusada tenha inscrição principal pode suspendê-la preventivamente, em caso de repercussão prejudicial à dignidade da advocacia, depois de ouvi-lo em sessão especial para a qual deve ser notificado a comparecer, salvo se não atender à notificação (art. 70, § 3º, EOAB).

Todo esse trâmite processual, contudo, por si só não é o suficiente para garantir, como dizia eu, em acordo com o professor Antonio Santoro e a professora Natália Tavares[23], no Capítulo 2 desta obra, o respeito ao devido processo legal, cuja marca fundamental é também o respeito à dignidade da vítima.

Inegavelmente, há uma enorme lacuna, que pode e deve ser objeto de atenção da OAB, em todo o Brasil, sendo a óbvia

---

[23] SANTORO, Antonio Eduardo Ramires; TAVARES, Natália Lucero Frias. *Lawfare brasileiro*. 2. ed. Belo Horizonte: D'Plácido, 2021.

necessidade de uma mudança de cultura no campo ético-disciplinar para que, minimamente, as definições de violações de prerrogativas inseridas no Estatuto da Advocacia pela Lei n. 14.612/2023 saiam do texto para a realidade.

Nesse aspecto, lembro aqui que, em 3 de maio de 2023, a convite do Tribunal de Ética e Disciplina da OAB/RJ, juntamente com a Comissão de Direitos Humanos e Assistência Judiciária, Comissão Especial de Estudo e Combate ao *Lawfare*, Comissão de Mentoria Jurídica, Ouvidoria da Mulher, Prerrogativas, Corregedoria-Geral, CAARJ e Advocacia sem Machismo, estive naquele Estado, onde proferi a palestra *Lawfare* de Gênero, na qual pude apresentar a pesquisa que venho mencionando.

Nessa mesma data, após minha conferência, foi assinada a Resolução n. 1/2023, mediante a qual foram estabelecidas diretrizes gerais para julgamento de processos ético-disciplinares com perspectiva de gênero no âmbito do tribunal de ética e disciplina da seccional do Estado do Rio de Janeiro.

Tratou-se de importante e inovadora iniciativa que, entre outros aspectos, determinou que:

i) a perspectiva de gênero possa ser reconhecida por ato *ex officio* ou por manifestação da parte, passando a tramitar de forma prioritária;

ii) a decisão que deferir ou indeferir o reconhecimento deva ser fundamentada do processo;

iii) sendo verificado que a presença da parte contrária poderá causar humilhação, temor, intimidação ou sério constrangimento à mulher, será facultada a realização de audiências e do julgamento de forma híbrida;

iv) o Tribunal poderá se valer de marcos normativos e precedentes nacionais ou internacionais, assim como recomendações, opiniões consultivas ou observações gerais emitidas pelos organismos regional e internacional relacionados ao tema;

v) jurisprudência relacionada a estes julgamentos deverá ser sistematizada, cabendo ao relator ou relatora fazer incluir na ementa do julgado o termo "julgamento segundo Perspectiva de Gênero"; e que,

vi) o Tribunal de Ética e Disciplina promoverá cursos e palestras com conteúdo relativos aos direitos humanos e gênero, em perspectiva interseccional, visando a permanente capacitação de suas e seus integrantes.

A iniciativa da OAB carioca foi alvissareira, indo ao encontro da transformação normativa, política e cultural pela qual a Ordem dos Advogados do Brasil ainda precisa passar a fim de superar o patriarcalismo que, por exemplo, até hoje não permitiu que uma mulher chegasse à presidência do Conselho Federal. Por sinal, tristemente, em pleno ano de 2024, das 27 seccionais, representativas dos Estados e do Distrito Federal, somente quatro tinham advogadas como suas presidentas.

Como digo e repito sempre, a Carta Constitucional brasileira é clara ao dizer que *a advogada* é essencial à administração da justiça. Algo que, todavia, somente será efetivo se o exercício da profissão não for objeto de ameaças, perseguições, humilhações e todas as formas de violência a que temos sido submetidas na tentativa de nos silenciar ou nos fazer desistir da advocacia.

3.2.2. A *lawfare* de gênero e o direito internacional dos direitos humanos

Toda advogada que, em sua atividade profissional, atua em defesa de mulheres vítimas de violência, população encarcerada, comunidade LGBTI+, povos indígenas, povo negro e de tantos outros direitos humanos de pessoas ou grupos vulnerados em uma perspectiva interseccional de gênero, raça e classe, no âmbito de qualquer área do direito (penal, civil, político, econômico, social ou cultural) deve ser considerada uma defensora de direitos humanos e como tal ter seu trabalho protegido e promovido, jamais perseguido, desacreditado ou de qualquer forma violado em qualquer esfera (cível, penal, administrativa ou disciplinar), garantindo-se a ela o direito de recorrer ao sistema interamericano para que se reconheça a *lawfare* de gênero (em quaisquer que sejam suas diferentes expressões de violência – processual, institucional ou política) como um meio para seu silenciamento ou até mesmo expulsão da esfera pública jurídica.

De acordo com a Declaração das Nações Unidas sobre os Defensores dos Direitos Humanos[24], toda pessoa que de qualquer modo promova ou procure a realização dos direitos humanos e das liberdades fundamentais reconhecidos no âmbito nacional ou internacional deve ser considerada defensora de direitos de humanos.

Desde longa data, o Alto Comissariado das Nações Unidas propôs que a linha interpretativa para a definição de quem pode ser considerada defensora ou considerado defensor de direitos humanos fosse a partir de suas ações, e não em outros aspectos, tais como se recebem ou não pagamento por seu trabalho.

Assim, para ser considerada defensora de direitos humanos, a pessoa deve, com seus atos, proteger ou promover qualquer direito ou quaisquer direitos a favor de pessoas ou grupos, o que abrangeria a promoção e a proteção de qualquer direito civil, político, econômico, social ou cultural[25].

Na esteira hermenêutica do Alto Comissionado, em 2004, seguiram-se o *Relatório sobre a situação das defensoras e defensores de direitos humanos nas Américas* (2006)[26] e o *Segundo Relatório sobre a situação das defensoras e defensores de direitos humanos nas Américas* (2011)[27], sendo nessa perspectiva

---

[24] DECLARAÇÃO sobre o Direito e o Dever dos Indivíduos, Grupos e Instituições de Promover e Proteger os Direitos Humanos e as Liberdades Fundamentais Universalmente Reconhecidos. *Resolução n. 53/144 da Assembleia Geral das Nações Unidas*. Nova York, 9 de dezembro de 1998.
[25] ALTO Comissariado das Nações Unidas para os Direitos Humanos. Protecting the right to defend human rights and fundamental freedoms. *Folha informativa n. 29*, Publicações das Nações Unidas, Genebra, 2004.
[26] COMISSÃO Interamericana de Direitos Humanos. *Relatório sobre a situação das defensoras e defensores de direitos humanos nas Américas*. Washington, 2006. Disponível em https://www.cidh.oas.org/pdf%20files/DEFENSORES%20PORTUGUES%20(Revisada).pdf. Acesso em: 15 jun. 2024.
[27] COMISSÃO Interamericana de Direitos Humanos. *Segundo relatório sobre a situação das defensoras e defensores de direitos humanos nas Américas*.

abrangente que, como proponho, se há de considerar as atividades exercidas pelas advogadas no Brasil para fins de acesso ao sistema interamericano de direitos humanos.

O Brasil aderiu à Convenção Americana de Direitos Humanos (CADH), em 25 de setembro de 1992, com a promulgação pelo Decreto n. 678, de 6 de novembro de 1992. A jurisdição obrigatória da Corte Interamericana de Direitos Humanos, por seu turno, foi reconhecida, para fatos ocorridos a partir do reconhecimento, pelo Decreto Legislativo n. 89, em 3 de dezembro de 1989.

O Sistema Interamericano de Direitos Humanos é composto por dois órgãos previstos no art. 33 da CADH, sendo eles:

i) a Comissão Interamericana de Direitos Humanos, denominada a Comissão; e
ii) a Corte Interamericana de Direitos Humanos, denominada Corte IDH.

A Comissão tem a função principal de promover a observância e a defesa dos direitos humanos (CADH, art. 41) e, no exercício de seu mandato, submeter casos à jurisdição contenciosa da Corte. Provocar a jurisdição da Corte é algo que, além da Comissão, cabe somente aos Estados-partes da Convenção (CADH, art. 61.1).

A sentença da Corte é definitiva e inapelável (CADH, art. 67). E, reconhecida a jurisdição da Corte pelos Estados-partes – por declaração especial ou por convenção especial (CADH, art. 61.3) –, o órgão tem competência para conhecer de qualquer caso que lhe seja submetido relativo a interpretação e aplicação das disposições da Convenção.

A Corte pode impor ao Estado que: assegure ao prejudicado o gozo do seu direito ou liberdade violados; sejam reparadas as consequências da medida ou da situação que haja configurado

Washington, 2011. Disponível em https://www.oas.org/es/cidh/defensores/docs/pdf/defensores2011.pdf. Acesso em: 15 jun. 2024.

a violação desses direitos; bem como o pagamento de indenização justa à parte lesada.

Em casos de extrema gravidade e urgência, e quando se fizer necessário evitar danos irreparáveis às pessoas, a Corte determina medidas provisórias que considerar pertinentes nos assuntos que estiverem sob sua jurisdição. E, em se tratando de temas ainda não submetidos ao seu conhecimento, poderá atuar a pedido da Comissão. (CADH, arts. 63.1 e 63.2).

Quanto à Comissão, para que uma petição ou uma comunicação apresentada seja por ela admitida, é necessário, em regra, dentre outros requisitos, que tenham sido interpostos e esgotados os recursos da jurisdição interna, de acordo com os princípios de direito internacional geralmente reconhecidos (CADH, arts. 44 e 45).

Com fundamento no art. 44 combinado com o art. 41, *b* e *d*, da Convenção, é possível também solicitar à CIDH que o Estado preste informações à Comissão sobre violações que venham sendo impostas a uma pessoa ou grupo, o que me parece muito importante no caso específico sobre o direito ao livre exercício da advocacia com respeito à condição de gênero de defensoras que se veem vítimas de ameaças, coações, intimidações, principalmente, pelo uso de procedimentos administrativos e ético-disciplinares para os fins de silenciá-las e, em última instância, afastá-las de sua atividade profissional (*lawfare* de gênero). De igual modo, é possível solicitar à CIDH que, caso entenda conveniente e oportuno, emita posicionamento público e/ou recomendação específica acerca desse tipo de violação.

Recorrer ao sistema interamericano de direitos humanos precisa ser internalizado entre nós, no Brasil. Consoante entende a CIDH:

> as pessoas, de maneira individual ou coletiva, têm o direito de denunciar as normas, políticas e práticas de funcionários públicos e agentes privados que violem os direitos humanos. Para isso, os Estados devem garantir sistemas de petições ou outros meios adequados ante as autoridades judiciais, administrativas ou legislativas

em todos os níveis de decisão, capazes de processar adequadamente essas petições com base nas normas mínimas do devido processo legal. As pessoas também têm o direito de buscar a proteção eficaz das normas nacionais e internacionais para proteger os direitos humanos e opor-se a qualquer tipo de atividade ou ato que os viole. (Artigos 9 e 12) Esse direito implica a possibilidade de recorrer, sem nenhum tipo de impedimento ou represália, a organismos internacionais de proteção de direitos humanos e monitoramento de tratados internacionais[28].

Em uma sociedade democrática, as atividades de direitos humanos devem ser tanto protegidas como incentivadas. Entretanto, nas Américas, há muitos anos é reconhecido que, mesmo em tempos de normalidade democrática, as defensoras e os defensores sempre foram (e continuam a ser) vítimas de execuções extrajudiciais e desaparecimentos forçados, agressões, ameaças e hostilidades, campanhas de descrédito, instauração de ações judiciais, restrição de acesso à informação em poder do Estado, controles administrativos e financeiros abusivos e impunidade com relação aos autores dessas violações. Não sendo poucas as manifestações institucionais da Comissão Interamericana de Direitos Humanos no sentido de que quando se pretende silenciar e inibir o trabalho das defensoras e defensores nega-se, por outro lado, a milhares de pessoas a oportunidade de obter justiça por violações de seus direitos humanos[29].

Como anteriormente dito, há uma missão ética dada à advocacia brasileira em defesa dos direitos humanos e da ordem democrática, cabendo também à entidade maior da advocacia, o Conselho Federal da Ordem dos Advogados do Brasil (CFOAB), a responsabilidade primária de promover e proteger os direitos humanos e as liberdades fundamentais de todas as pessoas sujeitas aos seus regramentos.

---

[28] COMISSÃO Interamericana de Direitos Humanos. *Relatório sobre a situação das defensoras e defensores de direitos humanos nas Américas*. Washington, 2006. Disponível em https://www.cidh.oas.org/pdf%20files/DEFENSORES%20PORTUGUES%20(Revisada).pdf. Acesso em: 15 jun. 2024.

[29] *Idem*.

Mutatis mutandis, em relação às violações sofridas pelas advogadas defensoras de direitos humanos, compete ao CFOAB:

a obrigação de adotar as medidas necessárias para criar as condições que permitam que as pessoas que assim o desejem exerçam livremente atividades destinadas à promoção e proteção dos direitos humanos internacionalmente reconhecidos. Essa obrigação estatal requer que os Estados assegurem que não impedirão de maneira alguma o trabalho desenvolvido pelas defensoras e defensores de direitos humanos. Os Estados devem prestar a maior colaboração possível às iniciativas da sociedade na área da promoção e proteção de direitos humanos, inclusive as que se destinem à fiscalização da função pública em todos os seus níveis. Também cabe aos Estados a responsabilidade de proteger as defensoras e defensores de terceiros que pretendam impedir os trabalhos que realizam[30].

Como já assinalou a CIDH, nunca uma perseguição a uma defensora tem um efeito restrito. Pelo contrário, trata-se de uma mensagem que se espalha a partir do medo que a desproteção gera. Nos exatos termos do *Relatório sobre a situação das defensoras e defensores de direitos humanos nas Américas*[31]:

uma das consequências mais graves desses padrões de violação das defensoras e defensores de direitos humanos é que se envia à sociedade em seu conjunto uma mensagem de intimidação que a coloca em situação de desproteção. Esses atos são destinados a causar temor generalizado e, por conseguinte, desestimular as demais defensoras e defensores de direitos humanos, bem como a atemorizar as vítimas de direitos humanos e silenciar suas denúncias, queixas e reivindicações, alimentando a impunidade e impedindo a plena realização do Estado de Direito e da democracia. Tanto a Comissão quanto a Corte Interamericana constataram que as violações graves dos direitos humanos das defensoras e defensores têm efeito amedrontador direto nos processos de reivindicação de direitos ou de denúncia de violações[32].

---

[30] *Idem.*
[31] *Idem.*
[32] Corte IDH. *Caso Huilca Tecse vs. Peru.* Sentença de 3-3-2005, § 67 e s.

Os atentados contra eles podem provocar a imediata paralisação ou a redução quase total de seu trabalho, seja porque se veem forçados a abandonar suas zonas de trabalho, mudar de residência ou hábitos de trabalho, seja porque em alguns casos têm de abandonar o país.

Ademais desses efeitos diretos, a Comissão tomou conhecimento de outros efeitos que atingem paralelamente as demais defensoras e defensores, que, apesar de não receberem diretamente as agressões, são vítimas do medo ao ver a situação de seus colegas e a facilidade com que se poderiam cometer as mesmas arbitrariedades contra eles.

De acordo com a CIDH, a promoção e a proteção dos direitos humanos implicam três importantes dimensões[33] que devem ser protegidas pelos Estados. São elas:

> A primeira dimensão é individual e se desenvolve por meio do exercício dos direitos individuais universalmente reconhecidos, dos quais são titulares as pessoas que se dedicam à defesa dos direitos humanos. Os Estados devem garantir que as defensoras e defensores, como todas as pessoas sujeitas a sua jurisdição, não sofrerão violações de seus direitos nem terão suas liberdades fundamentais ilegitimamente restringidas.
>
> A segunda dimensão é coletiva. A defesa dos direitos humanos é de interesse público e dela participam em geral diferentes pessoas associadas entre si. Vários dos direitos, por meio dos quais se traduz na prática essa defesa dos direitos, têm uma vocação coletiva, como o direito de associação e reunião, ou alguns aspectos da liberdade de expressão. Em virtude dela os Estados têm a obrigação de garantir a vocação coletiva desses direitos.
>
> A terceira dimensão é social e se refere à intenção que caracteriza a promoção e proteção dos direitos humanos de buscar mudanças positivas na realização dos direitos para a sociedade em geral. O objetivo que motiva o trabalho das defensoras e defensores afeta a sociedade em geral e visa o seu benefício, motivo pelo qual, quando se impede uma pessoa de defender os direitos humanos, afeta-se diretamente o restante da sociedade.

---

[33] *Idem.*

Outro aspecto fundamental a se destacar é que o arcabouço normativo interamericano não se restringe a um único direito que garanta o trabalho de promoção e proteção dos direitos humanos. Pelo contrário:

> o sistema interamericano estabeleceu componentes de múltiplos direitos cuja garantia permite que se materialize o trabalho das defensoras e defensores. De acordo com essas normas, a sociedade tem o direito e o dever de buscar de diversas maneiras a promoção e realização de seus direitos tanto no âmbito nacional como no internacional. Qualquer pessoa, individual ou coletivamente, tem o direito de desenvolver, para o cumprimento desses objetivos, atividades pacíficas, sejam elas destinadas às autoridades públicas ou à sociedade em geral, sejam a grupos dessa sociedade[34].

Tomando a atividade desempenhada pelas advogadas defensoras de direitos humanos como paradigma e refletindo sobre a fundamentação jurídica capaz de conduzir ao reconhecimento da estrutura de violência patriarcal a que estão submetidas, entendo que as violações, bem como os eventuais pedidos formulados à CIDH, encontram âncora, sem prejuízo de outras aplicáveis ao caso concreto, nas disposições da Convenção Americana de Direitos Humanos, com especial relevo às seguintes:

> Artigo 1. Obrigação de respeitar os direitos
> 1. Os Estados Partes nesta Convenção comprometem-se a respeitar os direitos e liberdades nela reconhecidos e a garantir seu livre e pleno exercício a toda pessoa que esteja sujeita à sua jurisdição, sem discriminação alguma por motivo de raça, cor, sexo, idioma, religião, opiniões políticas ou de qualquer outra natureza, origem nacional ou social, posição econômica, nascimento ou qualquer outra condição social.
>
> Artigo 5. Direito à integridade pessoal
> 1. Toda pessoa tem o direito de que se respeite sua integridade física, psíquica e moral.

---
[34] *Idem.*

2. Ninguém deve ser submetido a torturas, nem a penas ou tratos cruéis, desumanos ou degradantes. Toda pessoa privada da liberdade deve ser tratada com o respeito devido à dignidade inerente ao ser humano.

Artigo 8. Garantias judiciais

1. Toda pessoa tem direito a ser ouvida, com as devidas garantias e dentro de um prazo razoável, por um juiz ou tribunal competente, independente e imparcial, estabelecido anteriormente por lei, na apuração de qualquer acusação penal formulada contra ela, ou para que se determinem seus direitos ou obrigações de natureza civil, trabalhista, fiscal ou de qualquer outra natureza.

2. Toda pessoa acusada de delito tem direito a que se presuma sua inocência enquanto não se comprove legalmente sua culpa. Durante o processo, toda pessoa tem direito, em plena igualdade, às seguintes garantias mínimas:

   a. direito do acusado de ser assistido gratuitamente por tradutor ou intérprete, se não compreender ou não falar o idioma do juízo ou tribunal;
   b. comunicação prévia e pormenorizada ao acusado da acusação formulada;
   c. concessão ao acusado do tempo e dos meios adequados para a preparação de sua defesa;
   d. direito do acusado de defender-se pessoalmente ou de ser assistido por um defensor de sua escolha e de comunicar-se, livremente e em particular, com seu defensor;
   e. direito irrenunciável de ser assistido por um defensor proporcionado pelo Estado, remunerado ou não, segundo a legislação interna, se o acusado não se defender ele próprio nem nomear defensor dentro do prazo estabelecido pela lei;
   f. direito da defesa de inquirir as testemunhas presentes no tribunal e de obter o comparecimento, como testemunhas ou peritos, de outras pessoas que possam lançar luz sobre os fatos;
   g. direito de não ser obrigado a depor contra si mesma, nem a declarar-se culpada;
   e. direito irrenunciável de ser assistido por um defensor proporcionado pelo Estado, remunerado ou não, segundo a legislação interna, se o acusado não se defender ele próprio nem nomear defensor dentro do prazo estabelecido pela lei;
   f. direito da defesa de inquirir as testemunhas presentes no tribunal e de obter o comparecimento, como testemunhas

ou peritos, de outras pessoas que possam lançar luz sobre os fatos;
h. direito de recorrer da sentença para juiz ou tribunal superior.
3. A confissão do acusado só é válida se feita sem coação de nenhuma natureza.
4. O acusado absolvido por sentença passada em julgado não poderá ser submetido a novo processo pelos mesmos fatos.
5. O processo penal deve ser público, salvo no que for necessário para preservar os interesses da justiça.

Artigo 11. Proteção da honra e da dignidade
1. Toda pessoa tem direito ao respeito de sua honra e ao reconhecimento de sua dignidade.
2. Ninguém pode ser objeto de ingerências arbitrárias ou abusivas em sua vida privada, na de sua família, em seu domicílio ou em sua correspondência, nem de ofensas ilegais à sua honra ou reputação.
3. Toda pessoa tem direito à proteção da lei contra tais ingerências ou tais ofensas.

Artigo 13. Liberdade de pensamento e de expressão
1. Toda pessoa tem direito à liberdade de pensamento e de expressão. Esse direito compreende a liberdade de buscar, receber e difundir informações e ideias de toda natureza, sem consideração de fronteiras, verbalmente ou por escrito, ou em forma impressa ou artística, ou por qualquer outro processo de sua escolha.

Artigo 25. Proteção judicial
1. Toda pessoa tem direito a um recurso simples e rápido ou a qualquer outro recurso efetivo, perante os juízes ou tribunais competentes, que a proteja contra atos que violem seus direitos fundamentais reconhecidos pela constituição, pela lei ou pela presente Convenção, mesmo quando tal violação seja cometida por pessoas que estejam atuando no exercício de suas funções oficiais.
2. Os Estados Partes comprometem-se:
   a. assegurar que a autoridade competente prevista pelo sistema legal do Estado decida sobre os direitos de toda pessoa que interpuser tal recurso;
   b. desenvolver as possibilidades de recurso judicial; e
   c. assegurar o cumprimento, pelas autoridades competentes, de toda decisão em que se tenha considerado procedente o recurso.

Entendo também que o fundamento jurídico encontra lastro, sem prejuízo de outros, nos seguintes precedentes da CIDH:

>Corte IDH. Caso Castillo Petruzzi e outros *vs.* Peru. Mérito, reparações e custas. Sentença de 30-5-1999.
>
>Corte IDH. Caso Ruano Torres e outros *vs.* El Salvador. Mérito, reparações e custas. Sentença de 5-10-2015.
>
>Corte IDH. Caso Acosta e outros *vs.* Nicarágua. Exceções preliminares, mérito, reparações e custas. Sentença de 25-3-2017.
>
>Corte IDH. Caso Loayza Tamayo *vs.* Peru. Interpretação da sentença de mérito. Sentença de 8-3-1998.
>
>Corte IDH. Caso Valenzuela Ávila *vs.* Guatemala. Mérito, reparações e custas. Sentença de 11-10-2019.
>
>Corte IDH. Caso Chaparro Álvarez e Lapo Íñiguez *vs.* Ecuador. Exceções Preliminares, mérito, reparações e custas. Sentença de 21-11-2007.
>
>Corte IDH. Caso Chaparro Álvarez e Lapo Íñiguez *vs.* Ecuador. Interpretação da Sentença de Exceções Preliminares, mérito, reparações e custas. Sentença de 26-11-2008.
>
>Corte IDH. Caso Cabrera García e Montiel Flores *vs.* México. Exceção preliminar, mérito, reparações e custas. Sentença de 26-11-2010.
>
>Corte IDH. Caso Maldonado Ordóñez *vs.* Guatemala. Exceção preliminar, mérito, reparações e custas. Sentença de 3-5-2016.
>
>Corte IDH. Caso Miembros de la Corporación Colectivo de Abogados "José Alvear Restrepo" *vs.* Colombia. Exceções Preliminares, mérito, reparações e custas. Sentença de 18-10-2023.

No caso de advogadas defensoras de direitos humanos criminalizadas e/ou submetidas ao Tribunal de Ética e Disciplina da Ordem dos Advogados do Brasil, tem-se adequação a uma forma indireta de silenciá-las, seja fazendo-as desistir das outras eventuais vítimas, seja, em havendo junto àquele órgão alguma condenação, a suspensão ou a exclusão dos quadros da advocacia.

Tentativas nesse sentido representam a um só tempo uma seríssima violação ao direito ao trabalho (reconhecido em diversos instrumentos jurídicos internacionais, como a Declaração Universal dos Direitos Humanos (DUDH), assim como na legislação interna brasileira, inclusive na Constituição Federal de 1988) e também ao direito de exercer, com liberdade, a profissão em defesa de seus clientes (decorrente do direito que fazem jus todas as pessoas, em particular as encarceradas, de serem assistidas por defensora de sua escolha, art. 8º, 2, *d*, da Convenção Americana de Direitos Humanos).

Diz a DUDH, em seu art. XIV, que "Toda pessoa tem direito ao trabalho em condições dignas e o de seguir livremente sua vocação, na medida em que for permitido pelas oportunidades de emprego existentes".

Em sua ampla dimensão, o direito ao trabalho é essencial para a realização de outros direitos humanos. De maneira que se relaciona tanto com a sobrevivência do indivíduo e de sua família como com o direito que cada pessoa tem de, livremente, escolher e aceitar o trabalho que lhe é oferecido em condições de dignidade.

De outro lado, o direito que fazem jus todas as pessoas, em particular as encarceradas, de serem assistidas por defensora de sua escolha e de com ela livremente comunicar-se em particular (art. 8º, 2, *d*, da Convenção Americana de Direitos Humanos) carrega consigo a exigência de que também o direito ao livre exercício da advocacia seja garantido.

Se assim não fosse, restaria desprovida de conteúdo a norma constitucional segundo a qual "o advogado é indispensável à administração da justiça, sendo inviolável por seus atos e manifestações no exercício da profissão" (art. 134, CF/88).

Como referido no Caso Ruano Torres e outros *vs.* El Salvador, direito de defesa se estende até a fase de execução da pena[35] e realiza-se tanto por meio de atos próprios da pessoa condenada, sendo seu expoente central a possibilidade de se pronunciar livremente sobre os fatos que lhe são imputados[36], quanto por

---

[35] Corte IDH. *Caso Ruano Torres e outros vs. El Salvador*. Mérito, reparações e custas. Sentença de 5-10-2015.
[36] *Idem.*

meio de técnicas de defesa, exercida por profissional do direito, que cumpre a função de assessorar[37] o preso sobre seus deveres e direitos e executa, entre outros, um controle crítico e de legalidade na produção de provas[38].

Consequência lógica de tal postulado é que, igualmente, à defesa técnica deva ser garantido o direito de assistir, nesse caso, a pessoa condenada, sem embaraços, *mutatis mutandis* ao já decidido pela Corte IDH no Caso Castillo Petruzzi e outros *vs.* Peru, no qual verificou-se violação do art. 8º, 2, *d*, da Convenção, eis que demonstrado que os advogados de defesa tiveram obstáculos para se reunir em particular com seus clientes[39].

Não é por outra senão à luz da jurisprudência da Corte IDH, portanto, que hão de ser compreendidas as disposições da Lei n. 8.906/94[40] (Estatuto da Advocacia Brasileira) que asseguram, em seu art. 7º, I, III e XXI, aos advogados e às advogadas os direitos de:

> I – exercer, com liberdade, a profissão em todo o território nacional;
> [...]
> III – comunicar-se com seus clientes, pessoal e reservadamente, mesmo sem procuração, quando estes se acharem presos, detidos ou recolhidos em estabelecimentos civis ou militares, ainda que considerados incomunicáveis;
> [...]
> XXI – assistir a seus clientes investigados durante a apuração de infrações, sob pena de nulidade absoluta do respectivo interrogatório ou depoimento e, subsequentemente, de todos os elementos investigatórios e probatórios dele decorrentes ou derivados, direta ou indiretamente, podendo, inclusive, no curso da respectiva apuração;

---

[37] *Idem.*
[38] *Idem.*
[39] Corte IDH. *Caso Castillo Petruzzi e outros* vs. *Peru*. Mérito, reparações e custas. Sentença de 30-3-1999.
[40] Disponível em: https://www.planalto.gov.br/ccivil_03/leis/l8906.htm. Acesso em: 15 jun. 2024.

No Brasil, o quarto país do mundo mais perigoso para atuação de defensoras e defensores de direitos humanos[41], infelizmente, a dignidade e a vida de advogadas defensoras e advogados defensores de direitos humanos que, em especial, atuam junto ao sistema prisional brasileiro muito pouco vale.

Como macabra ilustração desse cenário de perseguição às advogadas e aos advogados defensores de direitos humanos, basta rememorar o Caso Nogueira de Carvalho e outro *vs*. Brasil em relação ao qual o Estado chegou a ter de apresentar três relatórios sobre o cumprimento das recomendações, nenhum deles considerado satisfatório pela CIDH.

Gilson Nogueira de Carvalho foi um jovem advogado, de apenas 32 anos de idade infelizmente, que naquele caso acabou por ser assassinado por pistoleiros em Macaíba, na zona metropolitana de Natal, no Rio Grande do Norte, pelas denúncias que levava a cabo sobre o chamado "Meninos de Ouro", suposto grupo de extermínio composto por policiais civis e outros funcionários públicos.

De acordo com relatório *Ativismo cercado: um diagnóstico da criminalização das lutas sociais em São Paulo*[42], por criminalização hão de ser entendidas ameaças que não necessariamente se dão em torno da criminalização ou que se manifestam de forma explícita, mas também as ameaças tácitas e aquelas que se dão por meio de processos e procedimentos de outros âmbitos do direito que não o criminal – por exemplo, o administrativo.

---

[41] Na linha de frente: violência contra defensoras e defensores de direitos humanos no Brasil: 2019-2022. SILVA, Alane Luiza da Silva *et al*. (coord.). Curitiba, PR: Terra de Direitos – Justiça Global, 2023. (Na linha de frente; 4). Disponível em: https://terradedireitos.org.br/nalinhadefrente/. Acesso em: 26 out. 2023.

[42] INSTITUTO de Defesa do Direito de Defesa (IDDD). *Ativismo cercado*: um diagnóstico da criminalização das lutas sociais em São Paulo. Relatório do projeto "Defesa de Defensores/as de Direitos Humanos: redes de empoderamento legal, incidência e proteção". Disponível em: https://iddd.org.br/wp-content/uploads/2023/12/relatorio-defesa-de-defensores-iddd.pdf. Acesso em: 15 jun. 2024.

No processo de "criminalização" estariam abarcadas, além das condutas previstas como delito na legislação brasileira, a perseguição política feita por agentes, estatais e não estatais, como forma de fazer cessar a ação daqueles(as) que buscam a garantia de direitos individuais ou coletivos.

Sem desconsiderar a utilidade do conceito acima proposto, em uma análise mais aprofundada a partir da interseccionalidade de classe, gênero e raça, é possível entender que há no país, de fato, um *modus operandi* de atuação estatal que se expressa principalmente por meio de ações e omissões de seus agentes que a um só tempo, atingem os direitos das pessoas e grupos defendidos, bem como de suas defensoras, justamente a partir dessas três dimensões estruturais interseccionadas (gênero, raça e classe).

Mais uma vez aqui cabe dizer que falar em *lawfare* (seja qual for a sua expressão) ou em criminalização de defensores e defensoras de direitos humanos sempre é também ter de falar em *lawfare* de gênero.

3.2.3. A defesa das advogadas na Corte Interamericana de Direitos Humanos: o Caso Miembros de la Corporación Colectivo de Abogados "José Alvear Restrepo" – CAJAR *vs.* Colombia

Como anunciei no primeiro capítulo, em 18 de março de 2024, a CIDH fez publicar uma sentença histórica, na qual reconheceu a responsabilidade internacional do Estado colombiano por perseguir, assediar, estigmatizar e vigiar sistematicamente os advogados e as advogadas (e suas famílias) pertencentes ao Coletivo de Advogados José Alvear Restrepo (CAJAR)[43].

A Corte reconheceu que, desde a década de 1990 e pelo menos até 2005, diversos órgãos do Estado colombiano realizaram atividades arbitrárias de inteligência em prejuízo das

---

[43] CORTE IDH. *Caso Miembros de la Corporación Colectivo de Abogados "José Alvear Restrepo"* vs. *Colombia*. Exceções Preliminares, mérito, reparações e custas. Sentença de 18-10-2023.

vítimas. As atividades de inteligência continuaram durante a vigência da Lei n. 1.621/2013, destinada a regular as funções desenvolvidas pelos organismos de inteligência e contrainteligência. Também reconheceu que os integrantes e as integrantes do CAJAR foram alvo de estigmatização devido às declarações de agentes estatais e publicações de organismos de governo que promoviam sua desqualificação e os vinculavam a grupos guerrilheiros.

De acordo com a decisão, o direito de defender os direitos humanos incorpora a possibilidade efetiva de exercer livremente, sem limitações e sem riscos de qualquer tipo, diversas atividades e trabalhos voltados a impulso, vigilância, promoção, divulgação, ensino, defesa, reivindicação ou proteção dos direitos humanos e das liberdades fundamentais universalmente reconhecidas. Consequentemente, a imposição de limitações ou obstáculos ilegítimos ao desenvolvimento dessas atividades de maneira livre e segura por parte das pessoas defensoras, precisamente por sua condição e pelas funções que desempenham, pode acarretar a violação do direito[44].

Na decisão mencionada, a Corte vislumbrou terem sido violados os direitos à vida, à integridade pessoal, à vida privada, à liberdade de pensamento e expressão, à autodeterminação informativa, ao conhecimento da verdade, à honra, às garantias judiciais, à proteção judicial, à liberdade de associação, circulação e residência, à proteção da família, aos direitos da infância e ao direito de defender os direitos humanos.

O direito à autodeterminação informativa, segundo a Corte, encontra acolhida no conteúdo protetor da Convenção Americana, em particular a partir dos direitos à proteção da honra e ao acesso à informação, reconhecidos, respectivamente, pelos arts. 11 e 13, e, na dimensão de sua proteção jurisdicional, pelo direito garantido no art. 25. Trata-se de um direito autônomo que serve, por sua vez, como garantia de outros direitos, como

---
[44] *Idem.*

os concernentes à privacidade, à honra, à salvaguarda da reputação e, em geral, à dignidade da pessoa. A autodeterminação informativa incorpora, dentro de seu conteúdo essencial, o direito de acessar e controlar os dados de caráter pessoal em poder de qualquer órgão público, e opera igualmente em relação a registros ou bases de dados a cargo de particulares.

Sendo destacar também que a Corte reconheceu que a falta de acesso das vítimas à totalidade de documentos e dados contidos nos arquivos de inteligência lhes impediu de conhecer plenamente o grau da ingerência que o Estado perpetrou ilegitimamente em sua intimidade e vida privada, tanto no âmbito pessoal e familiar como profissional, social e laboral, em território colombiano e fora dele. O que, consequentemente, implicou a violação ao direito de conhecer a verdade em relação ao direito de acesso à informação, consoante o art. 13.1 da Convenção.

Os fatos relatados, e cuja veracidade foi comprovada, eram seríssimas a ponto de atentar contra a própria existência do CAJAR, incluindo situações de violência, intimidação e ameaças cometidas por agentes estatais e organizações paramilitares. Para exemplificar o nível de gravidade das violações, leia com atenção o pequeno trecho a seguir recortado do Informe Anual (2005) *El Testimonio Obstinado*[45], elaborado pelo *Observatorio para la Protección de los Defensores de los Derechos Humanos* vinculado à *Federación Internacional de los Derechos Humanos* (FIDH) e à *Organización Mundial Contra la Tortura* (OMCT):

> No dia 13 de maio de 2005, a Sra. Soraya Gutiérrez Argüello, Presidenta do Coletivo de Advogados "José Alvear Restrepo" (CCAJAR), recebeu em sua residência um pacote que continha uma boneca mutilada e desarticulada, queimada em algumas partes e com vestígios de tinta vermelha. Uma mensagem indicava em particular:

---

[45] FIDH – Federación Internacional de los Derechos Humanos; OMCT – Organización Mundial Contra la Tortura. *Informe anual 2005. El Testimonio Obstinado*. Paris/Genebra, 2006. Disponível em: https://www.fidh.org/IMG/pdf/fullobs2005e.pdf. Acesso em: 15 jun. 2024.

"Você tem uma família muito bonita, tenha cuidado para não sacrificá-la". A presença da boneca fazia referência direta à sua filha de oito anos.

No mesmo dia, foi publicada uma oferta de emprego no jornal nacional *El Tiempo*, anunciando várias vagas em cargos do CCAJAR, sem que o Coletivo tivesse sido informado desse trâmite. Esse anúncio foi interpretado como uma grave ameaça contra os membros do Coletivo. No dia seguinte, outro anúncio, de origem desconhecida, oferecia postos de vigilância e dava o endereço da sede do CCAJAR, sugerindo que a organização estava em perigo. A data e as horas indicadas para as supostas entrevistas de contratação coincidiam com as de uma reunião organizada na sede do CCAJAR no âmbito de uma campanha que combate os crimes contra a humanidade cometidos na Colômbia[46].

No que concerne ao gênero, a Corte destacou a situação diferenciada de risco para as mulheres defensoras de direitos humanos. Ao referir-se ao caso concreto da advogada Soraya Gutiérrez Argüello, o Tribunal assinalou não somente ter havido em relação a ela a inobservância do dever de abster-se de qualquer ação ou prática de violência contra a mulher contida no art. 7º, *a*, da Convenção de Belém do Pará, mas que a ação estatal também atingiu a filha da advogada, na época uma criança, em violação aos direitos a ela reconhecidos pelo art. 19 da Convenção Americana.

Ademais, o Tribunal concluiu também que o fato, por suas características e efeitos, constituiu uma violação ao art. 5.2 da Convenção Americana, que proíbe toda forma de tortura e de penas ou tratamentos cruéis, desumanos ou degradantes, vez que, além do efeito intimidatório que poderia ter provocado coletivamente nos integrantes do Coletivo, gerou verdadeiro terror para a advogada em relação ao que poderia acontecer com ela, sua filha e sua família.

Para além do caso da Dra. Soraya Gutiérrez, também interessa particularmente assinalar aqui as alegações finais

---

[46] *Idem*, p. 213.

produzidas pela Dra. Dora Lucy Arias Giraldo como representante das vítimas Diana Milena Murcia Riaño, Maret Cecilia García Alfonso, Pedro Julio Mahecha Ávila, além de ela própria, no Caso Miembros de la Corporación Colectivo de Abogados "José Alvear Restrepo" – CAJAR *vs.* Colombia (CDH-8-2020). Pois, nesse documento, é possível vislumbrar com maior riqueza de detalhes o contexto do real risco diferenciado de que trata a Corte na sentença.

Observe-se que, em depoimento perante a CIDH, a também advogada integrante do CAJAR, Diana Milena Murcia Riaño, deixou ainda mais claras as múltiplas violências baseadas em estereótipos de gênero sofridos por ela (e por suas colegas de escritório). Violações estas que, de outro lado, conforme se observa em leitura atenta do documento de alegações finais escritas[47] apresentado à Corte pela Dra. Dora Lucy Arias Giraldo, não foram devidamente identificadas pelo Ministério Público para que fossem submetidas à judicialização. Como se lê no testemunho da Dra. Diana Riaño:

> [...] aquilo que faltava em termos de uma perspectiva de gênero ao procurador que tomou essa decisão, sobrava nos membros de inteligência do DAS[48]. Acredito que os membros do DAS sabiam sim como nos afetar particularmente, as mulheres, fazendo com que o que nos acontecesse parecesse insignificante, ou não digno de importância.
>
> [...] se no final tivéssemos contabilizado o que em termos de direitos humanos chamamos de incidentes de segurança, acredito que muitas das mulheres que trabalhavam lá estariam cheias de incidentes de segurança permanentemente e em situações muito particulares. Lembro-me de uma colega minha quando invadiram

---

[47] GIRALDO, Dora Lucy Arias. *Caso Miembros de la Corporación Colectivo de Abogados José Alvear Restrepo (CDH-8-2020). Testemunho de Diana Milena Murcia Riaño. Alegações Finais Escritas*. Corte Interamericana de Direitos Humanos. Washington D.C., 13 de junho de 2022, p. 48.

[48] O *Departamento Administrativo de Seguridad* (DAS) foi o órgão estatal encarregado de realizar as tarefas de Inteligência e Contrainteligência na Colômbia, entre 1960 e 2011.

sua casa para roubar, espalharam sua roupa íntima por todo o apartamento. Sua roupa íntima, por toda a casa. O que mais a preocupava era isso, que tivessem mexido em sua roupa íntima. Ela dizia 'não pude mais usar nada disso, senti-me violada'. Mas então, como ela denunciaria amplamente esse sentimento que também é vergonhoso? Não podemos fazer esse tipo de coisa. É muito difícil fazê-las e encontrar eco nas pessoas.

Por isso eu digo que essa perspectiva de gênero que faltou ao procurador, o DAS tinha. O DAS realmente tinha essa perspectiva de gênero porque sabia como nos afetar. Havia um nível de situações que nos afetavam particularmente, nós mulheres, e de repente acontece o incidente da boneca que enviam para Soraya. Aí eu acredito que, para todas nós, que já estávamos percebendo que essas coisas estavam acontecendo e notando-as e tudo mais, ali entendemos que algo poderia nos acontecer, pelo fato de sermos mulheres e trabalhadoras do Coletivo de Advogados.

E esse grande evento que foi atípico no sentido de que foi o mais terrível, onde houve um esforço maior para expor sua violência, era uma forma de encerrar essas formas de agressão contra nós, mas ao mesmo tempo deixava invisível tudo o que nos acontecia, porque era insignificante. Eu acredito que o DAS sabia sim como fazer isso conosco. Por alguma razão nos vigiavam de modo particular. Por alguma razão sabia onde estávamos, com quem estávamos, com quem costumávamos sair.

Ainda que a sentença emitida pela Corte tenha como vítimas principais os advogados e as advogadas vinculados ao CAJAR, também não é outra a realidade vivida por tantos outros e tantas outras que exercem a advocacia na Colômbia. Em pleno janeiro de 2024, por exemplo, o *Observatorio Internacional para la Abogacía en Riesgo* (OIAD, sigla em francês)[49] dedicou o Dia da Advocacia Ameaçada[50] para jogar holofotes sobre a questão

---

[49] O *Observatorio Internacional para la Abogacía en Riesgo* (OIAD) foi criado em 2016 pelo *Conseil National des Barreaux* (França), pelo *Barreau de Paris* (França), pelo *Consejo General de la Abogacía Española* (Espanha) e pelo *Consiglio Nazionale Forense* (Itália), tendo como objetivo defender o direito ao exercício livre e independente da advocacia e de denunciar situações que violam o direito à defesa ao redor do mundo.

[50] O Dia da Advocacia Ameaçada é comemorado em 24 de janeiro, data do aniversário do assassinato dos advogados de Atocha, que agora completa 45

colombiana, pois, como disse Francesco Caia, atual presidente do OIAD, é sob o conceito de "guerra jurídica" que a atividade de advogadas continua ameaçada em seu labor de defesa dos direitos humanos.

Para além de seus 18 anos de trabalho no CAJAR, a advogada Dora Lucy Arias Giraldo, por exemplo, liderança internacionalmente reconhecida na luta pela garantia do livre exercício da advocacia em seu país, também sofreu impactos desproporcionais devido à perseguição desencadeada contra a classe, muito especialmente por sua atuação à frente da *Asociación Colombiana de Abogados Defensores de Derechos Humanos* (Acadeum, que presidiu de 2002 a 2006). Em suas próprias palavras[51]:

> À noite, eu me angustiava pensando que algumas advogadas ou advogados que eu conhecia estavam em perigo de serem detidos ou assassinados. Nunca desliguei o aparelho de comunicação, nem mesmo durante o sono, com medo de não poder responder se me necessitassem. Às vezes, no meio da noite, eu pensava que uma denúncia em particular poderia ser eficaz e, sem hesitar, além disso, porque naquela altura já não conseguiria mais dormir, eu me levantava para escrever uma das centenas ou milhares de cartas e comunicados que enviávamos nacional e internacionalmente em busca de proteção. Assim, enquanto estive à frente da Associação (de 2002 a

---

anos. O propósito deste Dia internacional é chamar a atenção de autoridades, instituições internacionais, sociedade civil, mídia e público em geral sobre a situação dos advogados em um país específico, com o objetivo de sensibilizá-los sobre as ameaças que enfrentam no exercício de sua profissão. Em anos anteriores, este Dia foi dedicado a países como Azerbaijão (2021), Paquistão (2020), Turquia (2019 e 2012), Egito (2018), China (2017), Honduras (2016), Filipinas (2015) e Irã (2010). Ver mais em: https://www.abogacia.es/actualidad/noticias/dia-de-la-abogacia-en-riesgo-la-dificil-situacion-de-los-abogados-en-colombia/. Acesso em: 15 jun. 2024.

[51] Affidavit Dora Lucy Arias. In: GIRALDO, Dora Lucy Arias. *Caso Miembros de la Corporación Colectivo de Abogados José Alvear Restrepo (CDH-8-2020). Testemunho de Diana Milena Murcia Riaño. Alegações Finais Escritas*. Corte Interamericana de Direitos Humanos. Washington D.C., 13 de junho de 2022, p. 101.

2008), minha jornada de trabalho poderia facilmente chegar de 16 a 18 horas por dia.

[...]

A intensidade e o risco do trabalho realizado na CCAJAR me deixaram exausta, sinto que "o fusível queimou".

Ao longo das 197 laudas de suas alegações finais, a advogada demonstra claramente como, ainda que em um contexto de violência que parece não distinguir gêneros, somos nós, as mulheres (no caso as advogadas), as mais vulneráveis e especial e perversamente atacadas. Uma situação que, como afirma Giraldo, ao citar decisão da Corte Constitucional colombiana, tem de colocar em nosso favor uma presunção de risco extremo.

é necessário reconhecer que há certos grupos que têm sido expostos a uma maior situação de ameaça e, portanto, requerem uma proteção reforçada e diferenciada do Estado, partindo da presunção do risco, a qual só pode ser desmentida através de estudos técnicos e rigorosos de segurança. Caso persista uma dúvida razoável sobre a condição real de segurança, é preferível optar por uma resposta institucional que favoreça a vida e a integridade pessoal.

Para que se entenda o quão profundas e "sutis" são as violações praticadas contra as advogadas, vale destacar o impacto delas, inclusive, sobre suas famílias. Veja-se que, na época em que começaram a crescer os riscos decorrentes do exercício da advocacia, Samantha Rodríguez Arias, filha da Dra. Dora Lucy Arias Giraldo, tinha apenas 12 anos de idade. Mas, ainda que muito jovem, como consequência da necessidade de proteção inerente na época ao trabalho de sua mãe (tais como constantes e repentinas mudanças de locais de residência), cresceu com registrada desconexão nos vínculos sociais e familiares. O que, por suposto, repercutiram em sua formação como indivíduo adulto.

Posso afirmar que sempre vivi com muito medo de perder minha mãe, era um medo profundo que habitava em mim e se manifestava através de ataques de angústia e ansiedade quando ela não chegava cedo em casa. Eu não conseguia dormir até vê-la chegar.

Quando era muito tarde e ela não aparecia, lembro-me de alguns ataques de ansiedade em que chorava e orava com todas as minhas forças, pedindo a Deus que minha mãe estivesse bem, que nada tivesse acontecido com ela, e eu ficava desesperada olhando pela janela, esperando vê-la chegar. Lembro-me de noites horríveis cheias de angústia. [...]

Arriscaria dizer, agora aos meus 31 anos, depois de passar por vários processos de trabalho pessoal na psicologia, que dentro da minha personalidade se desenvolveu uma dinâmica de apego muito forte à minha mãe, a partir do medo de perdê-la. De certa forma, tornei-me superprotetora no meu ambiente familiar, não apenas com minha mãe, mas também com meus irmãos mais novos [...][52].

Nunca é demais lembrar que os estereótipos de gênero também são maiores sobre as meninas, de maneira que, como relata Samantha, ela tornou-se superprotetora e temerosa, com angústias, ansiedade, transtornos com os quais até hoje tem de lidar.

Nessa esteira, como muito bem fez a Dra. Giraldo lembrar à Corte, é de ser sublinhado que a proteção especial das meninas (crianças e adolescentes) surge do entendimento de que as circunstâncias na vida adulta para as mulheres estão repletas de desafios e barreiras que as impedirão de acessar os mesmos privilégios que o patriarcado concede ao sexo oposto. Daí porque a importância de destacar o art. 9º da Convenção de Belém do Pará, que estabelece que, na adoção de medidas para prevenir, punir e erradicar a violência contra as mulheres, os Estados devem levar especialmente em consideração a situação de vulnerabilidade à violência que as mulheres podem enfrentar devido à sua idade, entre outras situações de interseccionalidade[53] (raça e classe).

---

[52] Declaração de Samantha Rodríguez Arias. In: GIRALDO, Dora Lucy Arias. *Caso Miembros de la Corporación Colectivo de Abogados José Alvear Restrepo (CDH-8-2020). Testemunho de Diana Milena Murcia Riaño. Alegações Finais Escritas.* Corte Interamericana de Direitos Humanos. Washington D.C., 13 de junho de 2022, p. 89.

[53] GIRALDO, Dora Lucy Arias. *Caso Miembros de la Corporación Colectivo de Abogados José Alvear Restrepo (CDH-8-2020). Testemunho de Diana Milena*

Como já destacado pela CIDH, em relação às meninas são necessárias ações específicas de proteção que reflitam os desafios particulares e inter-relacionados da desigualdade baseada no gênero e em seu nível de desenvolvimento. Todas as crianças e adolescentes têm o mesmo direito de crescer e se desenvolver em condições de igualdade, de expandir suas potencialidades e de contribuir para o desenvolvimento da sociedade. De modo que, da leitura conjunta dos arts. 1º e 19 da CADH, VII da DADH e 6º e 9º da Convenção de Belém do Pará, decorre o dever reforçado de respeitar e garantir o direito de meninas e adolescentes de viver livres de discriminação.

Em síntese, as violações aos direitos das advogadas ao livre exercício de sua profissão, dos quais decorrem os mais diversos danos que descrevemos na pesquisa "*Lawfare* de gênero: a necessária e urgente construção de um protocolo para a atuação ética e profissional de integrantes da advocacia sob a perspectiva de gênero a partir da pesquisa nacional para identificação de casos de violência de gênero contra advogadas em razão do exercício da profissão", material suplementar desta obra, correspondem também a violações aos direitos de seus familiares. Em particular, das meninas (crianças e adolescentes) que deveriam crescer tendo suas mães como modelos de sujeitos atuantes na esfera pública e não com as consequências de violências de toda ordem que sofrem justamente por serem mulheres e advogadas.

Em uma visão panorâmica não é difícil identificar situações em que há contra as mulheres a utilização deliberada de um fator proibitório de discriminação como sexo, gênero, orientação sexual, idade, entre outros (discriminação direta).

A maior dificuldade (que, em verdade, não é uma "dificuldade", mas o acorrentamento a uma perspectiva ainda patriarcal de interpretação dos direitos humanos) está quando as violações são evidenciadas pelo impacto desproporcional de

---

Murcia Riaño. Alegações Finais Escritas. Corte Interamericana de Direitos Humanos. Washington D.C., 13 de junho de 2022, p. 89.

normas, ações, políticas ou outras medidas que, mesmo que pareçam neutras em sua formulação, ou tenham um alcance geral e não diferenciado, produzem efeitos negativos para certas pessoas ou grupos vulnerados (discriminação indireta). A condenação do Estado colombiano evidencia a desproteção vivida por quem atua na defesa de direitos humanos na Colômbia e é um recado contundente da importância de proteger e garantir os direitos daqueles e, particularmente, daquelas que lutam pela justiça e dignidade e que por essa razão sofrem perseguições sob a alegação de que empreendem uma "guerra jurídica" que ainda precisa, de outro lado, ser compreendida a partir da dimensão estrutural do patriarcado que também representa.

3.4. Violência institucional, a retórica do segredo judicial e o judiciário como território de guerra

Ao formular a pergunta sobre o porquê de não conseguirmos, como indivíduos, nos estabelecermos no ideal nível ético do "querer viver bem" entre todas e todos, o filósofo Paul Ricoeur responde, ele próprio que a razão é que a vida em sociedade descortina uma imensa margem, por vezes aterrorizante, de conflitos de todos os gêneros que, por sua vez, afetam todos os níveis dos relacionamentos humanos em termos de interesses, crenças, convicções. Conflitos estes expressos "por violências de todos os tipos, que vão do assassinato à traição da palavra dada", em razão dos quais emerge[54]:

> a necessidade de um terceiro, representado em nossas sociedades civilizadas pela existência de um corpo de leis escritas, pela instauração de instituições judiciárias, pela separação de um corpo de juízes e pela sequência de condenações que conferem cunho coercitivo à moral pública sob a guarda de um Estado de direito[55].

---

[54] RICOEUR, Paul. *O Justo 2*: Justiça e Verdade e outros estudos. São Paulo: WMF Martins Fontes, 2008, p. 266.
[55] *Idem*, p. 266.

A instituição judiciária seria um desses terceiros que, com seus tribunais, teria a responsabilidade de "pronunciar a palavra de justiça numa situação concreta"[56]. Nesse sentido, diz o professor Ricoeur:

> Precisamos agora nos demorar um pouco no emprego específico da linguagem e do discurso para o qual o tribunal constitui o espaço apropriado. Em dizer e proferir a palavra de justiça numa tarefa situação singular consistem entre a função e a tarefa primordiais da instituição judiciária entre as paredes do tribunal.
>
> Agora, em vista da execução dessa tarefa, deve ser introduzido um quarto componente da instituição de justiça. Penso no juiz como pessoa física investida do direito e do poder de enunciar a palavra de justiça de que acabamos de falar. Os juízes são seres humanos como nós, cidadãos comuns; seres humanos, e não deuses ou anjos. Mas são elevados acima de nós em virtude de regras específicas de designação, com o objetivo de proferir a palavra de justiça que o sistema judiciário em seu conjunto tem a função de elaborar. Pode-se dizer que os juízes vestem a justiça de carne[57].

A transferência da violência para o processo, desde o estabelecimento do Estado como corpo político chegando ao corpo específico que é a magistratura, não a faz cessar. Pois o Estado sempre reivindica para si o monopólio da violência legítima[58]. Contudo, como diz o filósofo, "mérito indiscutível do estabelecimento de regras procedimentais consiste em possibilitar que a ação, qualidade de instituição distinta, transfira os conflitos da esfera da violência para a esfera da linguagem e do discurso"[59].

Tomando as reflexões do professor Ricoeur como ponto de partida, a questão que penso devamos nos colocar encontra-se, contudo, para além da violência residual, decorrente do monopólio conferido ao Estado. Mas, sim, naquela decorrente das estruturas patriarcal, de raça e de classe que determinam

---

[56] *Idem*, p. 254.
[57] *Idem*, p. 255.
[58] *Idem*, p. 256.
[59] *Idem*, p. 257.

tratamentos diferenciados para quem figura nos autos de um processo, sendo esse o ponto nevrálgico onde se encontra a discussão sobre *lawfare* de gênero e violência institucional.

Nessa linha, mas sob outra perspectiva, Rubens Casara, no artigo "A arte neoliberal de perseguir inimigos: *lawfare* e controle dos indesejáveis"[60], tomando a racionalidade neoliberal como pano de fundo político-econômico, define a *lawfare* como:

> a utilização do sistema de justiça como o *locus* de uma guerra contra pessoas identificadas como "inimigas", em que as armas são interpretações distorcidas (e potencialmente destrutivas) das leis, institutos, procedimentos e categorias do direito[61].

Conforme o autor, aparentemente ancorado na legalidade e sob o mito da neutralidade do Poder Judiciário, o Sistema de Justiça, assim como as leis e os procedimentos, passam a ser instrumentalizados para fins políticos e ideológicos, servindo à manipulação da opinião pública, ao desgaste e, se necessário, à eliminação dos inimigos dos detentores do poder político e/ou econômico[62].

Tratando especificamente da *lawfare* política e de sua concretização por meio da persecução penal, Casara nos diz ser possível identificar um funcionamento psicótico/paranoico do sistema de justiça. De maneira que, nas palavras do autor:

> A persecução penal, então, assume a função de controlar/eliminar esses indesejáveis, percebidos como inimigos, e, para tanto, recorre a "certezas" (por vezes, delirantes) que os atores jurídicos pretendem difundir na sociedade, o que acaba por criar um clima paranoico que tem por objetivo "justificar" o desaparecimento dos limites constitucionais e legais ao exercício do poder. Tem-se, então, o primado dessas certezas (portanto, de ordem subjetiva) em detrimento da análise racional das provas (elementos objetivos).

---

[60] CASARA, Rubens. A arte neoliberal de perseguir inimigos: *lawfare* e controle dos indesejáveis. In: RAMINA, Larisse. *Lawfare e América Latina*: a guerra jurídica no contexto da guerra híbrida. Curitiba: Íthala/GRD, 2022, v. 2, p. 424-433.
[61] *Idem*, p. 424.
[62] *Idem*, p. 425.

Importante lembrar que a paranoia é, mais do que um fenômeno estranho e distante ou uma "doença mental", uma possibilidade sempre presente. Dentre as características da paranoia, destaca-se a escolha de um inimigo, construído frequentemente de maneira exagerada, a partir da falsificação dos postulados de base da hipótese a que adere o paranoico. A hipótese torna-se uma certeza, uma convicção tão forte que independe dos fatos. Ocorre também uma espécie de projeção persecutória, uma vez que o paranoico passa a atribuir as distorções que produz e sua própria força destrutiva ao "inimigo". As provas em sentido contrário à hipótese do paranoico, no lugar de desmentir, acabam por reforçar narrativas conspiratórias ou delirantes[63].

A *lawfare*, como ele diz, é absolutamente compatível com a racionalidade neoliberal que, ultrapassando os limites do "primeiro governo econômico dos homens"[64], criado pela racionalidade liberal, torna-se hegemônica também por seu potencial de criar "obstáculos para outras formas de racionalidade de viés antiliberal ou social, se caracteriza por alterar as formas do exercício do poder a partir da sedimentação de uma nova relação entre o mercado e o Estado"[65].

Parafraseando Casara, entendo que, por sua vez, a *lawfare* de gênero é totalmente adequada à racionalidade patriarcal que, nos marcos do capitalismo, encontrou sua função histórica, como já referi nesta obra. Daí, pois, o fato de que o nacionalmente conhecido Caso Mariana Ferrer, ocorrido em setembro de 2021, não ser isolado no cotidiano do sistema de justiça.

A situação ocorrida com a *influencer* perante a justiça catarinense provocou indignação servindo de base, poucos meses após, para a promulgação da Lei n. 14.321, de 31 de março de 2022. Texto este que alterou a Lei n. 13.869/2019, referente ao abuso de autoridade, nela incluindo o crime de violência institucional.

---

[63] *Idem*, p. 426.
[64] *Idem*, p. 426.
[65] *Idem*, p. 426.

Nos termos da lei, a violência institucional ocorre quando agentes públicos submetem uma vítima de infração penal ou a testemunha de crimes violentos a "procedimentos desnecessários, repetitivos ou invasivos, que a leve a reviver, sem estrita necessidade, a situação de violência ou outras situações potencialmente geradoras de sofrimento ou estigmatização". Para esses casos a pena prevista varia de três meses a um ano de detenção e multa.

O dispositivo prevê ainda que a pena pode ser aumentada em 2/3 se a agente ou o agente público permitir que terceiro intimide a vítima de crimes violentos, gerando indevida revitimização. E também que, se o próprio agente público intimidar a vítima no curso do processo ou da investigação, a pena prevista na lei poderá ser aplicada em dobro.

Não há dúvidas de que a Lei Mariana Ferrer tem fundamental e profunda relevância, na medida em que reconhece a gravidade de condutas causadas por agentes públicos que deveriam proteger a vítima no curso da investigação ou do processo. Sem embargo, como toda lei penal feita às pressas em resposta (na maioria das vezes populista) à opinião pública, a lei é deficiente sob diversos aspectos.

O primeiro aspecto é desconsiderar que a violência institucional tem um espectro amplo que, como o próprio Conselho Nacional de Justiça (CNJ) reconhece, é "motivada por desigualdades (de gênero, étnico-raciais, econômicas etc.) predominantes em diferentes sociedades. Essas desigualdades se formalizam e institucionalizam nas diferentes organizações privadas e aparelhos estatais, como também nos diferentes grupos que constituem essas sociedades"[66].

A violência institucional, portanto, nasce e se desenvolve no âmbito de uma instituição, seja ela familiar, educacional,

---

[66] Disponível em: https://wwwh.cnj.jus.br/programas-e-acoes/violencia-contra-a-mulher/formas-de-violencia-contra-a-mulher/. Acesso em: 15 jun. 2024.

religiosa, civil, seja estatal. No âmbito deste último, particularmente do poder judiciário, e aqui está o segundo aspecto desconsiderado, ela não se encontra somente na seara da justiça criminal e tampouco é dirigida somente às vítimas de infração penal ou às testemunhas de crimes violentos.

Pelo contrário, há violência institucional no âmbito da justiça de família, da justiça administrativa, na justiça do trabalho. E, consideradas as desigualdades de gênero, há violência institucional contra as mulheres não só quando se encontram como vítimas ou testemunhas, mas também como advogadas em pleno exercício da profissão.

Como um terceiro aspecto desconsiderado, observe-se que, consoante as disposições de direito internacional de proteção às vítimas, o próprio Conselho Nacional do Ministério Público firmou entendimento, por meio da Resolução n. 243/2021/CNMP, de que se configura como fato vitimizante:

> a ação ou omissão que causa dano, menoscaba ou coloca em perigo os bens jurídicos ou direitos de uma pessoa, convertendo-a em vítima, podendo ser tipificados como crime, ato infracional, ou constituir uma violação dos direitos humanos reconhecidos pela Constituição Federal ou por tratados internacionais dos quais o Brasil seja parte.

Por certo haverá quem diga que a Resolução do CNMP, oriunda que é da Declaração dos Princípios Básicos de Justiça Relativos às vítimas da Criminalidade e de Abuso de Poder, adotada pela Assembleia Geral das Nações Unidas na sua Resolução 40/34, de 29 de novembro de 1985, também é uma diretriz de natureza penal. De maneira que a lei estabeleceu o mesmo parâmetro.

Tal argumento é facilmente confrontado vez que os precedentes da CIDH e os documentos internacionais são inúmeros, por exemplo, ao equiparar para fins de proteção aos direitos humanos as esferas administrativa e criminal. Nesse sentido, está o Caso Baena Ricardo e outros *vs.* Panamá, cuja sentença é apontada a existência de uma identidade entre os princípios que inspiram o direito penal e os que inspiram o direito administrativo sancionatório, já que ambos os direitos são manifestações do poder punitivo do Estado[67].

De outro lado, a pesquisa "*Lawfare* de gênero: a necessária e urgente construção de um protocolo para a atuação ética e profissional de integrantes da advocacia sob a perspectiva de gênero a partir da pesquisa nacional para identificação de casos de violência de gênero contra advogadas em razão do exercício da profissão", que se encontra na íntegra como material suplementar desta obra, demonstrou que em todas as searas do sistema de justiça grassam todos os tipos de violência. Violências estas (tanto institucional quanto processual) muito mais gravosas quando ocultas sob o segredo judicial[68].

---

[67] Corte IDH. *Caso Baena Ricardo e outros* vs. *Panamá*. Mérito. Sentença de 2-2-2001.

[68] O art. 5º, LX, da Constituição Federal prevê que os autos processuais, em regra, são públicos, sendo restringida a publicidade "quando a defesa da intimidade ou interesse social o exigirem". Quando os autos do processo ficam disponíveis apenas às partes e aos seus advogados, além do magistrado e do Ministério Público, o processo corre em segredo de justiça, e esses casos estão definidos no art. 189 do Código de Processo Civil. Já quando os autos são limitados apenas ao juízo e ao Ministério Público, o processo corre em sigilo. Há classificações mais específicas relacionadas ao sigilo. Alguns classificam como sigilo absoluto o conceito informado anteriormente e sigilo externo, quando o processo só pode ser acessado quando informado número e senha a ele designado. Além disso, dependendo do tribunal são adotados níveis de sigilo que podem ser atribuídos a alguns documentos ou a todo o processo. Ultrapassando a esfera processual, há também informações que podem ser classificadas como sigilo ultrassecreto (até 25 anos – único passível de prorrogação), secreto (até 15 anos) e reservado (até 5 anos). Essas informações estão sob poder dos órgãos e entidades públicas e são assim classificadas ao observar o teor e a necessidade da reserva para garantir a segurança da sociedade ou do Estado. Nesse sentido, ver: Segredo de Justiça e sigilo. TJDFT, 2013. Disponível em: https://www.tjdft.jus.br/institucional/imprensa/campanhas-e-produtos/direito-facil/edicao-semanal/segredo-de-justica-e-sigilo. Acesso em: 15 jun. 2024; Sigilo Externo e-SAJ. Tribunal de Justiça do Mato Grosso do Sul. Disponível em: https://esaj.tjms.jus.br/WebHelp/id_sigilo_externo.htm. Acesso em: 15 jun. 2024; Info Eproc. Tribunal de Justiça de Santa Catarina. Disponível em: https://www.tjsc.jus.br/documents/3061010/3872774/Edi%C3%A7%C3%A3o+30+-+Sigilo.pdf/f3605b00-8ae8-3643-4c0a-8a022d202410. Acesso em: 15 jun. 2024; e Informações

Como tenho falado e escrito reiteradamente[69], o segredo de justiça não é (e nunca foi) uma garantia de proteção para as mulheres dentro do sistema de justiça brasileiro. Pelo contrário. Algo que me levou a denominar como a retórica do segredo[70].

Abro agora um breve parêntesis para registrar que o aqui defendido por mim não vai de encontro à recém aprovada Lei n. 14.857, de 21 de maio de 2024, que alterou a Lei n. 11.340, de 7 de agosto de 2006 (Lei Maria da Penha), para determinar o sigilo do nome da ofendida nos processos em que se apuram crimes praticados no contexto de violência doméstica e familiar contra a mulher.

Classificadas e Desclassificadas. Ministério da Justiça e Segurança Pública. Disponível em: https://www.gov.br/mj/pt-br/acesso-a-informacao/informacoes-classificadas. Acesso em: 15 jun. 2024.

[69] Ver: MENDES, Soraia. A divulgação de mensagens privadas e a "datenização" do processo em crimes sexuais. *Conjur*. 25 dez. 2020. Disponível em: https://www.conjur.com.br/2020-dez-25/soraia-mendes-divulgacao-mensagens-datenizacao-crimes-sexuais/. Acesso em: 15 jun. 2024; e MENDES, Soraia. A condenação da jornalista Schirlei Alves e a retórica do segredo judicial. *Portal Catarinas*. 8 dez. 2023. Disponível em: https://catarinas.info/colunas/a-condenacao-da-jornalista-schirlei-alves-e-a-retorica-do-segredo-judicial/. Acesso em: 15 jun. 2024.

[70] Há exatos vinte anos, Heleieth Saffioti publicou *Gênero, Patriarcado, Violência* – um de seus estudos e pesquisas que compõe a imensa e profunda coletânea que a professora, falecida em 2010, nos legou. De acordo com a autora, para além de sua notável contribuição teórica, essa obra, cujo tema era a violência contra as mulheres, se destinava a todas e a todos que desejassem conhecer "fenômenos sociais relativamente ocultos". Ou seja, aos que se desafiassem a saber o porquê de, em nome da "preservação da família", não raro um homem agressor ser agraciado pelo silêncio (e, digo eu, impunidade) sobre seus atos. A obra, dizia ela, também seria de interesse das vítimas, na medida em que as ajudaria a identificar relações violentas e as encorajaria a buscar ajuda. Magistral, mas em uma passagem do livro intitulada "O tabu do incesto", que nos tempos atuais, na linguagem da internet, mereceria a advertência "alerta de gatilho", Saffioti choca ao descrever em minúcias experiências de violências psicológica e sexual vividas por meninas dentro de casa. E, provocando um misto de repugnância e indignação em suas leitoras e seus leitores, apresenta um caso em especial, de uma família de classe social abastada, onde ocorreriam abusos sexuais de parte de um pai. As agressões teriam sido confidenciadas por uma das filhas, em segredo, para uma amiga. Algo que, contudo, a pesquisadora não pode confirmar pelo que ela denominou de "conspiração do silêncio".

Tampouco se opõe ao sigilo durante a fase inicial de concessão de medidas protetivas de urgência (MPUs) em nome da garantia da integridade física, psicológica, moral e até mesmo da vida das vítimas de violência doméstica e familiar. Em ambas as situações o escopo é protetivo em relação as vítimas.

De outro lado, são inúmeras as ações e omissões que têm sido possíveis de identificar como expressões de violência institucional e de violência processual que se encontram abarcadas pela *lawfare* de gênero, capazes de vitimar não somente as mulheres que se encontram como parte em diferentes processos dentro dos sistemas judicial, político, ético-disciplinar e/ou administrativo, mas também as advogadas que, no exercício de suas atividades, apontam para o que se mantém escondido, sob um pacto de silêncio profundamente violador de direitos e garantias.

Lá se vão alguns anos desde que eu e a professora Elaine Pimentel escrevemos sobre o significado do "ser mulher vítima", em especial no processo penal, a partir da análise que fizemos sobre o crime de estupro no Brasil[71]. Como dizíamos (e continuamos a dizer), desde a redação inicial do Código Penal de 1940 até 2009, o estupro foi entendido como um "crime contra os costumes". De maneira que a razão de ser do segredo judicial em relação a esse tipo de delito tinha como finalidade a proteção do 'bom nome' da família e, sobretudo, da honra dos homens que a 'chefiavam'.

Ainda que contemporaneamente se afirme em doutrina (majoritariamente masculina) e em jurisprudência que o segredo judicial visa proteger as vítimas – o que denomino de retórica do segredo –, fato é que a dignidade das mulheres nunca foi o parâmetro para essa proteção processual penal.

A inovação trazida pela Lei n. 12.015/2009, com a qual se passa a nominar os delitos de natureza sexual como crimes

---

[71] MENDES, Soraia da Rosa; PIMENTEL, Elaine. A violência sexual: a epistemologia feminista como fundamento de uma dogmática penal feminista. *Revista Brasileira de Ciências Criminais*, São Paulo, Revista dos Tribunais, 2018.

contra a dignidade sexual e crimes contra a liberdade sexual, aponta para a construção de outro paradigma na estrutura dogmática penal e, por reflexo, processual penal.

A mudança no vocabulário jurídico, entretanto, não foi capaz de ultrapassar a força da cultura nas relações de opressão de gênero, que estão nas bases sociais das práticas de crimes sexuais contra as mulheres e na forma como o sistema de justiça as reconhece.

Embora, muito em razão de minha formação como doutrinadora em Ciências Criminais e advogada criminalista, eu tenda a tratar aqui com maior relevo do segredo judicial na esfera penal, não quero deixar de mencionar que não é somente nesse campo que se verifica toda sorte de violências institucionais e processuais de gênero.

Observem que o art. 189 do Código de Processo Civil que, na regra geral, preconiza que os atos processuais devam ser públicos, excepciona para que tramitem em segredo de justiça os processos: em que haja interesse público ou social; que versem sobre casamento, separação de corpos, divórcio, separação, união estável, filiação, alimentos e guarda de crianças e adolescentes; em que constem dados protegidos pelo direito constitucional à intimidade; e que versem sobre arbitragem, inclusive sobre cumprimento de carta arbitral, desde que a confidencialidade estipulada na arbitragem seja comprovada perante o juízo.

Contudo, dentro de parâmetros mínimos, qual a razão para que ações que versem sobre casamento, separação de corpos, divórcio, separação, união estável sem o envolvimento de menores sejam postas, por determinação legal, sem consulta às partes, em segredo?

O ordenamento jurídico brasileiro adotou o princípio da publicidade dos atos processuais, motivo pelo qual o segredo dos atos processuais constitui uma exceção, sendo regra que estes sejam públicos, conforme os arts. 11, 189, *caput*, e 195 do

Código de Processo Civil e os arts. 5º, XXXIII, LX, e 93, IX, da Constituição Federal.

Por sinal, bom que se saiba que o princípio da publicidade se relaciona com o princípio democrático, o direito à informação e a transparência do Estado. Lecionando em doutrina[72] que, em complemento, a publicidade dos atos processuais é também o corolário do princípio da proteção judicial efetiva que pressupõe desenvolva-se o processo sob o controle das partes e da opinião pública.

Vale lembrar também que o Protocolo para Julgamento com a Perspectiva de Gênero, com base na Recomendação Geral n. 35 do CEDAW, reafirma a obrigação do Estado brasileiro de, em nível judicial, garantir procedimentos legais que, além de imparciais e justos, não sejam afetados por estereótipos de gênero ou interpretações discriminatórias (item III, 26, c, com remissão aos arts. 2º, d e f, e 5º, a, da Convenção). Donde conclui que:

> Ao se considerar que o direito processual reúne princípios e regras voltados à concretização da prestação jurisdicional, como forma de solucionar conflitos de interesses – entre particulares e entre estes e o Estado – é importante reconhecer que a magistrada e o magistrado devem exercer a jurisdição com perspectiva de gênero, solucionando, assim, questões processuais que possam causar indevido desequilíbrio na relação entre os sujeitos do processo.

A pura e simples interpretação acerca da imperatividade dos dispositivos legais que asseguram o segredo judicial representam uma afronta à convencionalidade e aos princípios constitucionais da publicidade dos atos processuais, da transparência, da igualdade entre os gêneros, da proteção judicial efetiva e do princípio democrático.

---

[72] MENDES, Gilmar Ferreira; BRANCO, Paulo Gustavo Gonet. *Curso de Direito Constitucional*. São Paulo: Saraiva, 2023.

Entendo também que não reconhecer (em particular em casos envolvendo violências sexual, física, patrimonial, psicológica – todas, dentro ou fora do âmbito da violência doméstica e familiar) a autonomia de uma mulher para decidir sobre o que deve ou não estar em "segredo" viola também constitucional e convencionalmente seu legítimo agir processual, o que, por consequência, vai de encontro ao equilíbrio das partes no processo como propugnado pelo Conselho Nacional de Justiça.

Antes de me encaminhar ao final, responderei à pergunta que não quer calar: "Mas, e a preservação da intimidade da pessoa acusada? Também não é um direito?"

Com certeza é, sim, um direito fundamental do investigado, réu e, até mesmo, condenado. A espetacularização do processo (penal) é inadmissível. E nada do que se diz aqui corresponde à admissão sequer abstrata de qualquer forma de violação de quem quer que seja, mesmo que sejam homens agressores.

O princípio da publicidade dos atos processuais tem por escopo a proteção das partes contra juízos autoritários e secretos para todos e todas. Essa é a regra do jogo do processo. E, é dentro dessa regra que:

Um, violências institucionais e processuais não podem encontrar guarida no segredo;

Dois, a espetacularização do processo (penal) é inadmissível, assim como, em qualquer caso, é inaceitável a exposição da mulher e a destruição de sua imagem fora e, principalmente, dentro do processo; e

Três, o segredo de justiça, sem a oitiva da mulher enquanto parte na relação processual, representa a um só tempo: uma afronta à constitucionalidade e convencionalidade, na medida em que representa uma diminuição da autonomia feminina em seu legítimo agir processual; e um desequilíbrio na relação entre os sujeitos do processo pela violação à ampla defesa e/ou ao direito de livremente litigar.

3.5. Violência política: *lawfare* de gênero, democracia e necropolítica de gênero

A violência é intrínseca ao patriarcado, conformando o contexto sociopolítico estrutural favorável à vulneração e promovendo desigualdades e injustiças de gênero. Por isso, não há como teorizar sobre a *lawfare* de gênero sem identificar que suas manifestações como violência processual, institucional e política, no limite, também se expressam pela morte das "inimigas".

Há praticamente quarenta anos, Elise Boulding conceituou a violência estrutural como sendo aquela que se aplica tanto às estruturas organizadas e institucionalizadas da família como aos sistemas econômicos, culturais e políticos que conduzem à opressão de determinadas pessoas a quem se negam vantagens da sociedade, tornando-as mais vulneráveis ao sofrimento e à morte. Essas estruturas, segundo ela, determinam igualmente as práticas de socialização que levam os indivíduos a aceitar ou a infligir sofrimentos, de acordo com o papel que desempenham[73].

De outro lado, a *lawfare*, como o professor John Comaroff e a professora Jean Comaroff propõem, a partir das experiências vividas com o colonialismo, tem de ser compreendida como o recurso "à violência inerente à lei para cometer atos de coerção política, até mesmo apagamento"[74] dos inimigos e das inimigas.

Fazendo referência ao artigo "On Politics as a Form of Expenditure"[75], de Achille Mbembe, a autora e o autor dizem que a *lawfare* pode ser limitada ou pode reduzir as pessoas à "vida

---

[73] BOULDING, Elise. Las mujeres y la violencia. In: *La violencia y sus causas*. Paris: Editorial Unesco, 1981, p. 265-279.
[74] COMAROFF, Jean; COMAROFF, John L. Law and Disorder in the Postcolony: an Introduction. In: COMAROFF, Jean; COMAROFF, John L. (ed.). *Law and Disorder in the Postcolony*. Chicago: University Of Chicago Press, 2006, p. 30.
[75] MBEMBE, Achille. On Politics as a form of Expenditure. In: COMAROFF, Jean; COMAROFF, John L. (ed.). *Law and Disorder in the Postcolony*. Chicago: University Of Chicago Press, 2006, p. 299-335.

nua". De maneira que, em algumas pós-colônias, ela se transformou em uma necropolítica que "sempre busca lavar o poder bruto em uma corrente de legitimidade, ética, propriedade"[76].

Em suas exatas palavras, a *lawfare*:

> Às vezes, é posta para trabalhar, como foi em muitos contextos coloniais, para criar novos tipos de sujeitos humanos; às vezes, é o veículo pelo qual os oligarcas tomam as rédeas do estado para promover seus objetivos econômicos; às vezes, é uma arma dos fracos, revertendo a autoridade contra si mesma ao solicitar a sanção do tribunal para fazer reivindicações por recursos, reconhecimento, voz, integridade, soberania. Mas, em última análise, não são os fracos, nem os mansos, nem os marginais que predominam em tais questões. São aqueles capacitados para jogar mais potente dentro da dialética entre lei e desordem[77].

Como eles escrevem, trata-se de algo que:

> nos remete a Derrida, Agamben e Benjamin: à noção de que a lei se origina na violência e vive por meios violentos, à noção, em outras palavras, de que o legal e o letal animam e habitam um ao outro. Seja qual for a verdade da questão, a política em geral, e a política de coerção em particular, parecem cada vez mais estar se transformando em *lawfare*[78].

Em linha com as conclusões apresentadas pelos Comaroffs, lembro que, ao tratar sobre feminicídio político, quando da publicação do meu *Processo Penal Feminista*[79], e ao conceituar o feminicídio de Estado[80], na obra de mesmo nome, foi impossível não fazer referência ao extermínio da Vereadora Marielle

---

[76] COMAROFF, Jean; COMAROFF, John L. Law and Disorder in the Postcolony: an Introduction. In: COMAROFF, Jean; COMAROFF, John L. (ed.). *Law and Disorder in the Postcolony*. Chicago: University Of Chicago Press, 2006, p. 31.
[77] *Idem.*
[78] *Idem.*
[79] MENDES, Soraia. *Processo Penal Feminista*. 2. ed. São Paulo: Atlas, 2021.
[80] MENDES, Soraia. *Feminicídio de Estado*. 2. ed. São Paulo: Blimunda, 2023.

Franco[81], como expressão máxima da violência misógina dirigida à eliminação das mulheres da esfera pública política. Um fato sobre o qual, ainda antes da publicação desses dois livros, a convite da editora Revista dos Tribunais, publiquei um artigo no qual fazia uma retrospectiva do ano de 2018[82] marcado por esse crime brutal.

Repetindo a professora Marilena Chauí, dizia eu no artigo que os partidos políticos no Brasil constituem verdadeiros "*clubs privés* das oligarquias regionais, arrebanhando a classe média em torno do imaginário autoritário (a ordem) e mantendo com os eleitores quatro tipos principais de relações: a de cooptação, a de favor e clientela, a de tutela e a da promessa salvacionista ou messiânica"[83]. Um contexto dentro do qual "o Estado percebe a sociedade civil como inimiga e perigosa, bloqueando as iniciativas dos movimentos sociais, sindicais e populares"[84].

A morte de Marielle foi uma verdadeira mostra do *modus operandi* autoritário dentro do qual a política não consegue se configurar como campo social de lutas. Um extermínio racista, classista e misógino, pois o ódio em relação às mulheres é uma marca indelével em sociedades como a brasileira. Como escrevem Lourdes Bandeira e Tania Mara Almeida:

> vivemos em sociedades moldadas pela misoginia. Apesar dos avanços, as mentalidades resistem à mudança, sobretudo quando se

---

[81] Marielle Franco era uma mulher negra, lésbica, oriunda de uma favela – a Maré, no Rio de Janeiro. Era socióloga e mestra em Administração Pública. Eleita vereadora pelo Partido Socialismo e Liberdade (Psol) com 46.502 votos de eleitores e eleitoras cariocas. No dia 14 de março de 2018, foi assassinada juntamente com seu motorista, Anderson Pedro Gomes. Treze tiros foram disparados contra o carro onde estava, a caminho de casa no retorno de um evento com jovens mulheres negras.

[82] MENDES, Soraia da Rosa. Autoritarismo e racismo: as estruturas que mataram, mutilaram e subjugaram as mulheres em 2018. *Revista dos Tribunais*, v. 998, São Paulo, p. 399-426, 2018.

[83] CHAUÍ, Marilena. *Cultura e democracia*: o discurso competente e outras falas. São Paulo: Cortez, 2007.

[84] *Idem*, p. 356-357.

trata do núcleo duro das emoções e identidades pessoais. Por mais modernos que sejamos, é comum existir algo de atávico e atrasado em nós que se refere às relações de gênero, por exemplo: a cada duas horas uma mulher é assassinada no Brasil e outras passam por cárcere privado, agressões verbais, difamação, desqualificação psicológica[85].

O extermínio de Marielle tem muitos significados. E em todos o fato gerador é sua presença incômoda, muito especialmente em razão de um novo modo de fazer política expresso na "Mandata". Como registrado no *Relatório da Comissão de Defesa da Mulher* presidida por Marielle, concluído após seu extermínio:

> "Mandata" chamada assim mesmo, no feminino, porque era feminista em sua substância e nas pautas que travava. A bravura desta mulher negra, lésbica e favelada a fez compor uma equipe majoritariamente de mulheres e de pessoas negras. A mandata era, em todos os sentidos, um coletivo de enfrentamento em uma Casa Legislativa predominantemente masculina, branca e conservadora. Marielle subia à tribuna do plenário, que hoje leva o seu nome, para defender os direitos das mulheres, das pessoas negras, para denunciar as práticas de opressão contra o povo trabalhador, LGBTs, faveladas e favelados. Tornou-se presidente da Comissão de Defesa da Mulher da Câmara Municipal. Em um ano e três meses de mandato, a Comissão da Mulher atendeu vários casos de violência contra a mulher, visitou cinco maternidades municipais e a Casa de Parto, realizou a Audiência Pública sobre Mortalidade Materna, produziu cartazes informativos à mulheres vítimas de violência sexual, aprovou a Lei que institui o Programa de Centro de Parto Normal e Casas de Parto, realizou o encontro com as profissionais de saúde da Clínica da Família, o OcupaDH no Salgueiro, junto com a Comissão de Direitos Humanos na ALERJ e a Associação de Moradores, entre tantas outras ações pelos direitos das mulheres, agora registradas neste relatório[86].

---

[85] ALMEIDA, Tania Mara Campos; BANDEIRA, Lourdes Maria. Misoginia, violência contra as mulheres. In: BARBOSA, Theresa Karina de F. G. *A mulher e a justiça*: a violência doméstica sob a ótica dos direitos humanos. Brasília: Amagis-DF, 2016, p. 86.
[86] CÂMARA Municipal do Rio de Janeiro. *Relatório da Comissão de Defesa da Mulher*. Marielle Franco. Disponível em: https://www.mariellefranco.com.br/relatorio-comissao-da-mulher. Acesso em: 25 set. 2018.

No cerne do debate conceitual que estabeleci em *Feminicídio de Estado* está a dimensão que as mortes de mulheres tomam como uma necropolítica de gênero[87] para os fins de garantir a manutenção do poder patriarcal.

Como asseguradora da coisificação dos corpos femininos mediante um regime de terror capaz de decretar a pena de morte para algumas mulheres[88], ela é a expressão última da masculinidade utilizada como poder, domínio e controle sobre as nossas vidas[89]. A necropolítica de gênero[90], como fala Izabel Solyszko Gomes:

> Define quem importa e quem é descartável, e torna os corpos das mulheres utilizáveis. Torna possível (entre outros elementos) uma descartabilidade biopolítica das mulheres, na medida em que há dispositivos sociais que contribuem para uma política voltada para a morte de mulheres[91].

---

[87] Como diz Ana Maria Martínez, a necropolítica de gênero se expressa por uma "multiplicidade de mecanismos de soberania postos em operação por grupos diversos que exercitam um direito de vida e morte sobre corpos de mulher" (MARTÍNEZ, Ana María de la Escalera; LINDIG, Erika Cisneros (org.). *Alteridad y Exclusiones*: Vocabulario para el debate social y político. Cidade do México: Juan Pablo Ed., 2013).

[88] MENDES, Soraia. *Feminicídio de Estado*. 2. ed. São Paulo: Blimunda, 2023.

[89] SAGOT, Montserrat. El femicidio como Necropolítica en Centroamérica. *Labrys Estudos Feministas*, n. 24, Brasília, Montreal, Paris, jul./dez. 2013.

[90] Entre nós, a professora Berenice Bento propõe analisar os contextos contemporâneos complexos a partir dos conceitos de biopolítica e necropolítica, de modo a compreendermos que "a governabilidade, para existir, precisa produzir interruptamente zonas de morte", de tal modo que, em contextos de estados coloniais como os latino-americanos, "governabilidade e poder soberano não são formas distintas de poder, mas têm [...] uma relação de dependência contínua – seja numa abordagem sincrônica ou diacrônica", cunhando uma noção de "necrobiopoder" (BENTO, Berenice. Necrobiopoder: quem pode habitar o Estado-nação? *Cadernos Pagu*, n. 53, p. 3, 2018. Disponível em: https://periodicos.sbu.unicamp.br/ojs/index.php/cadpagu/article/view/8653413. Acesso em: 15 jun. 2024).

[91] GOMES, Izabel Solyszko. Feminicídios: um longo debate. *Revista Estudos Feministas*, 26 (2), 2018. Disponível em: https://doi.org/10.1590/1806-9584-2018v26n239651. Acesso em: 15 jun. 2024.

Partindo da necropolítica de gênero como uma possibilidade real, nas páginas seguintes abordarei outras formas de extermínio das mulheres da esfera pública a partir da violência política de que a *lawfare* de gênero se vale.

3.5.1. A retórica do decoro e o parlamento como território de guerra

De todos os exemplos de violência política conhecidos em nosso país, sem dúvidas, o maior e mais representativo caso é o do extermínio da vereadora Marielle Franco, em 14 de março de 2018. Nada se compara ao silenciamento pela morte, como já abordado por mim anteriormente nesta obra.

De outro lado, a *lawfare* de gênero e política também grassa pelo país em todas as esferas mediante expedientes promovidos junto a comissões de ética das casas legislativas. Nesses casos, de regra a conduta imputada às parlamentares é a genérica "quebra de decoro parlamentar".

Como escrevi no meu *Criminologia feminista: novos paradigmas*, mais do que sujeitas primordialmente a um sistema de controle informal (e só residualmente formal), as mulheres são submetidas a um sistema de custódia ao qual já fiz menção também nesta obra páginas atrás. Mas, se o sistema de custódia é, em síntese, a complexa engrenagem de poderes capaz de determinar, em termos criminológicos, sob que condição (vitimizante ou criminalizante) as mulheres relacionam-se com o sistema de justiça criminal, em termos políticos, ele é, também, capaz de determinar quais mulheres poderão, ou não, entrar ou permanecer na institucionalidade executiva e/ou parlamentar.

Em linhas gerais, tomando o Código de Ética e Decoro Parlamentar da Câmara dos Deputados como parâmetro, dentre outras hipóteses previstas, seriam atos atentatórios ao decoro, por exemplo: perturbar a ordem das sessões da Câmara ou das reuniões de comissão; praticar atos que infrinjam as regras de boa conduta nas dependências da Casa; praticar ofensas físicas ou morais nas dependências da Câmara ou desacatar, por atos ou palavras, outro parlamentar, a mesa ou a comissão, ou os respectivos presidentes.

Do que chegou ao conhecimento público somente no ano de 2023, foram representadas perante o Conselho de Ética da Câmara dos Deputados ao menos seis deputadas federais, são elas: Célia Xakriabá (Psol-MG), Sâmia Bomfim (Psol-SP), Talíria Petrone (Psol-RJ), Erika Kokay (PT-DF), Fernanda Melchionna (Psol-RS) e Juliana Cardoso (PT-SP).

As representações contra as deputadas federais foram posteriormente arquivadas. Assim como também não teve prosseguimento o pedido de suspensão do mandato da deputada estadual Mônica Seixas (Psol-SP). Já a representação promovida contra a deputada estadual Luciana Genro (Psol-RS), até o encerramento desta obra, ainda se encontrava em curso na Assembleia Legislativa gaúcha.

De outro lado, em nível municipal, houve as cassações dos mandatos das vereadoras Edna Sampaio (PT-Cuiabá/MT) e Maria Tereza Capra (PT-São Miguel do Oeste/SC), que somente foram revertidas judicialmente.

No pano de fundo das imaginárias violações ao "decoro" que teriam sido cometidas pelas parlamentares estão manifestações durante a votação do marco temporal dos territórios indígenas[92], críticas veementes ao processo de privatização de estatais de fornecimento de água, denúncias sobre a existência de articulações neonazistas, defesa dos direitos do povo palestino, entre outras.

Ou seja, todas causas que dizem respeito ao exercício de um mandato parlamentar. Algo que, por sinal, encontra-se nos

---

[92] De acordo com nota emitida pela Bancada Feminina da Câmara dos Deputados, firmada por sua coordenadora, Deputada Benedita da Silva, as representações formuladas no intuito de punir as parlamentares pelo legítimo exercício de seus mandatos caracterizam atos de violência política de gênero, nos termos da Lei n. 14.192/2021. Disponível em: https://www2.camara.leg.br/a-camara/estruturaadm/secretarias/secretaria-da-mulher/noticias/coordenacao-da-bancada-feminina-manifesta-apoio-a-deputadas-vitimas-de-violencia-politica. Acesso em: 15 jun. 2024.

exatos termos do que diz, por exemplo, o Código de Ética da Câmara, segundo o qual são deveres fundamentais de qualquer parlamentar os de *promover a defesa do interesse público e da soberania nacional* (art. 3º, I) e *respeitar e cumprir a Constituição, as leis e as normas internas da Casa e do Congresso Nacional* (art. 3º, II).

O que se percebe, em verdade, é que a, como chamo, "retórica do decoro" vem sendo acionada como motivação para silenciar e expulsar as mulheres da esfera pública todas as vezes em que a "estridência" das suas vozes e "rudeza" de seus gestos provoca os "instintos mais primitivos" dos detentores do poder. Por isso, a *lawfare* contra as parlamentares mulheres tornou-se uma "cruzada" de norte a sul do país.

Não há democracia sem a presença e a efetiva participação das mulheres na política. E a tentativa de calar as vozes femininas constitui crime contra o Estado Democrático de Direito.

3.5.2. A (re)definição de direitos políticos para as mulheres e o alcance dos crimes contra o Estado Democrático de Direito

O processo de construção e realização dos direitos humanos das mulheres apresenta-se como um complexo de exigências para a garantia de uma vida livre de violência das quais decorrem, de acordo com a Convenção Interamericana para Prevenir, Punir e Erradicar Violência Contra a Mulher, conhecida como Convenção de Belém do Pará, o direito a que se respeite sua integridade física, mental e moral; o direito à segurança pessoal; e, sumamente, o direito a ter igualdade de acesso às funções públicas de seu país e a participar nos assuntos públicos, inclusive na tomada de decisões[93].

Na esteira do que previu o Pacto Internacional sobre os Direitos Civis e Políticos[94], todo cidadão e cidadã tem o direito e

---

[93] Nesse sentido, *vide* art. 4º, *b*, *c* e *j*.
[94] O Pacto Internacional sobre Direitos Civis e Políticos foi promulgado via Decreto Legislativo n. 592, de 6 de julho de 1992, que em seu art. 25 assim

a possibilidade, sem qualquer das formas de discriminação por motivo de raça, cor, sexo, língua, religião, opinião política ou de outra natureza, origem nacional ou social, situação econômica, nascimento ou qualquer outra condição (art. 2º) e sem restrições infundadas, de ter acesso, em condições gerais de igualdade, às funções públicas de seu país (art. 25, c); por ocasião da VII da Assembleia Geral das Nações Unidas, em 31 de março de 1953, foi adotada a Convenção sobre os Direitos Políticos da Mulher.

Por seu turno, a Convenção sobre os Direitos Políticos da Mulher, aprovada pelo Decreto Legislativo n. 123, de 20 de novembro de 1955, e promulgada pelo então Presidente João Goulart somente 10 anos mais tarde, mediante o Decreto n. 52.476, de 12 de setembro 1963, diz que:

Artigo 1
As mulheres terão, em igualdade de condições com os homens, o direito de voto em todas as eleições, sem nenhuma restrição.

Artigo 2
As mulheres serão, em condições de igualdade com os homens, elegíveis para todos os organismos públicos de eleição, constituídos em virtude da legislação nacional, sem nenhuma restrição.

Artigo 3
As mulheres terão, em condições de igualdade, o mesmo direito que os homens de ocupar todos os postos públicos e de exercer todas as funções públicas estabelecidas em virtude da legislação nacional, sem nenhuma restrição.

Ou seja, consoante esse último documento referente aos direitos humanos políticos das mulheres, a todas devem ser garantidas:

---

reza: "Todo cidadão terá o direito e a possibilidade, sem qualquer das formas de discriminação mencionadas no artigo 2 e sem restrições infundadas: a) de participar da condução dos assuntos públicos, diretamente ou por meio de representantes livremente escolhidos; b) de votar e de ser eleito em eleições periódicas, autênticas, realizadas por sufrágio universal e igualitário e por voto secreto, que garantam a manifestação da vontade dos eleitores; c) de ter acesso, em condições gerais de igualdade, às funções públicas de seu país".

i) igualdade de condições com os homens, o direito de voto em todas as eleições, sem nenhuma restrição (art. 1º);
ii) condições de igualdade com os homens, elegíveis para todos os organismos públicos de eleição, constituídos em virtude da legislação nacional, sem nenhuma restrição (art. 2º);
iii) e, principalmente, condições de igualdade, o mesmo direito que os homens de ocupar todos os postos públicos e de exercer todas as funções públicas estabelecidas em virtude da legislação nacional, sem nenhuma restrição (art. 3º).

O direito à igualdade de acesso às funções públicas e de participar nos assuntos públicos, inclusive na tomada de decisões, contudo, nos termos da Convenção de Belém do Pará, pressupõe uma vida livre de toda e qualquer forma de violência. Violência contra as mulheres, entretanto, sobeja no Brasil e no mundo.

Não sem razão é que ao longo de tantos anos, após a promulgação da Convenção sobre a Eliminação de Todas as Formas de Discriminação contra a Mulher (1979), as manifestações do Comitê CEDAW[95] ainda evidenciem as dificuldades das

---

[95] A Convenção para a Eliminação de todas as Formas de Discriminação contra a Mulher (1979) foi promulgada pelo Decreto n. 4.377, de 13 de setembro de 2002, sendo o principal instrumento internacional na luta pela igualdade de gênero e para a liberação da discriminação, seja ela perpetrada por Estados, indivíduos, empresas ou organizações. Por sua vez, o Comitê CEDAW, cuja responsabilidade é a de garantir a aplicação da Convenção, tem como funções examinar os relatórios periódicos apresentados pelos Estados-partes (art. 18 da Convenção), formular sugestões e recomendações gerais (art. 21 da Convenção) e instaurar inquéritos confidenciais (art. 8º do Protocolo Adicional da Convenção). Em 1999, foi adotado o Protocolo Opcional à CEDAW. A partir da adoção do Protocolo Adicional à Convenção, foi facultado ao Comitê examinar comunicações apresentadas por indivíduos ou grupos de indivíduos, sob a jurisdição de um Estado-parte, que afirmem ser vítimas de violação de qualquer um dos direitos abordados pela Convenção. Nos países que ratificaram o Protocolo, as mulheres que tiveram seus direitos violados e que tenham esgotado as possibilidades de recurso às instâncias nacionais podem recorrer ao Comitê para a Eliminação de todas as Formas de Discriminação contra a Mulher, criado pela Convenção. O Comitê é composto por 23 peritas de grande prestígio moral e da mais alta competência na área abarcada pela Convenção. As peritas são indicadas pelos governos de seus países e eleitas pelos Estados-parte a título pessoal.

mulheres para o logro efetivo da tutela de seus direitos políticos, tal como se percebe nas Recomendações n. 23 (1997) e 25 (2004) do Comitê relacionadas à participação das mulheres na vida pública e política.

Por seu turno, a Recomendação n. 23 do CEDAW[96] é explícita quanto ao compromisso dos Estados-partes em tomar todas as medidas apropriadas para eliminar a discriminação contra a mulher na vida política e pública e garantir que ela desfrute igualdade com o homem. Restando absolutamente claro que:

> A obrigação especificada neste artigo (7)[97] abrange todas as esferas da vida pública e política e não se limita aos indicados nos itens a), b) e c) do parágrafo. A vida política e pública de um país é um conceito amplo. Refere-se ao exercício do poder político, em particular ao exercício dos poderes legislativo, judicial, executivo e administrativo.
>
> O termo abrange todos os aspectos da administração pública e a formulação e execução da política nos níveis internacional, nacional, regional e local. O conceito também engloba muitos aspectos da sociedade civil, incluindo as assembleias públicas, os conselhos locais e as atividades de organizações como partidos políticos, sindicatos, associações profissionais ou industriais, organizações femininas, organizações comunitárias e outras entidades que lidam com a vida pública e política.

Em 4 de agosto de 2021, entrou em vigor a Lei n. 14.197, que acrescentou o Título XII à Parte Especial do Código Penal

---

[96] COMITÊ CEDAW. Recomendação n. 23. Disponível em https://www.refworld.org/legal/general/cedaw/1997/en/39377. Acesso em: 15 jun. 2024.

[97] De acordo com o art. 7º da Convenção: "Os Estados-partes tomarão todas as medidas apropriadas para eliminar a discriminação contra a mulher na vida política e pública do país e, em particular, garantirão, em igualdade de condições com os homens, o direito a: a) Votar em todas as eleições e referenda públicos e ser elegível para todos os órgãos cujos membros sejam objeto de eleições públicas; b) Participar na formulação de políticas governamentais e na execução destas, e ocupar cargos públicos e exercer todas as funções públicas em todos os planos governamentais; c) Participar em organizações e associações não governamentais que se ocupem da vida pública e política do país".

relativo aos crimes contra o Estado Democrático de Direito, bojo em que se encontra a tipificação contida no art. 359-P, do Código Penal.

Violência política
Art. 359-P. Restringir, impedir ou dificultar, com emprego de violência física, sexual ou psicológica, o exercício de direitos políticos a qualquer pessoa em razão de seu sexo, raça, cor, etnia, religião ou procedência nacional:
Pena – reclusão, de 3 (três) a 6 (seis) anos, e multa, além da pena correspondente à violência.

De outro lado, no mesmo dia 4 de agosto de 2021, também foi promulgada a Lei n. 14.192, que estabeleceu normas para prevenir, reprimir e combater a violência política contra as mulheres no âmbito eleitoral.

Ao contrário do que muitas vezes possa transparecer pelos levantamentos de dados realizados[98], restringir, impedir ou dificultar uma mulher de exercer seus direitos políticos com emprego de violência (física, sexual ou, como no caso, psicológica) não é uma peculiaridade de períodos eleitorais. Ou seja, não se trata de uma conduta direcionada exclusivamente a postulantes ou detentoras de mandato eletivo.

O tipo penal não poderia estar mais bem localizado dentro do Código Penal, pois a violência política de gênero é um atentado a um processo de construção democrática que ainda está longe de se concretizar se considerarmos as diferentes formas de exclusão das mulheres dos mais diversos espaços de poder.

Em verdade, a realidade da vida política das mulheres, como esclarece a Recomendação n. 23 do CEDAW, é atinente ao

---

[98] De agosto de 2021 até novembro de 2022, o Ministério Público Federal havia registrado 112 procedimentos relacionados ao tema. Isso significa que, em 15 meses, a cada 30 dias, ocorreram sete casos envolvendo comportamentos para humilhar, constranger, ameaçar ou prejudicar uma candidata ou mandatária em razão de sua condição feminina. Nesse sentido, ver: https://www.cnj.jus.br/violencia-politica-de-genero-brasil-registra-sete-casos-a-cada-30-dias/. Acesso em: 15 jun. 2024.

exercício de poder em qualquer âmbito, isto é, legislativo, judicial, executivo e administrativo. De modo que, por direitos políticos, especialmente para os fins de aplicação do art. 359-P do Código Penal, há de se compreender com essa visão ampliada.

Mais uma vez ressalto nesta obra que a eliminação de todas as formas de violência contra as mulheres é pressuposto de uma verdadeira democracia que organismos das Nações Unidas, tal como a ONU Mulheres, definem com a expressão "democracia paritária".

a democracia paritária apresenta-se como um modelo político no qual a paridade e a igualdade substantiva se constituem como elementos fundantes do Estado inclusivo e paritário. A democracia paritária implica profundas transformações qualitativas e quantitativas que incluem desde a participação política feminina até o enfrentamento das variadas violações de direitos contra mulheres e meninas[99].

Não é outra a sinalização dada pelos Objetivos de Desenvolvimento Sustentável (ODS) 5 – Igualdade de Gênero[100], para o fim de garantir a participação plena e efetiva das mulheres e a igualdade de oportunidades para a liderança em todos os níveis de tomada de decisão na vida política, econômica e pública e adotar e fortalecer políticas sólidas e legislação aplicável para a promoção da igualdade de gênero e o empoderamento de todas as mulheres e meninas em todos os níveis.

A paridade, considerados os objetivos do milênio, extrapola os contornos do mero limite numérico, a ser considerado para a inclusão de grupos historicamente silenciados – como as mulheres e o povo negro – sempre em seu patamar mínimo, pois a

---

[99] ONU Mulheres. Nota sobre Democracia Paritária. 2018. Disponível em: https://www.onumulheres.org.br/wp-content/uploads/2018/06/Nota_Democracia-Paritaria_FINAL.pdf. Acesso em: 15 jun. 2024.
[100] NAÇÕES Unidas. Objetivos de Desenvolvimento Sustentável (ODS) 5 – Igualdade de Gênero. Disponível em: https://brasil.un.org/pt-br/sdgs/5. Acesso em: 15 jun. 2024.

realização da democracia paritária, como aponta a ONU Mulheres, em *Nota sobre Democracia Paritária*[101], visa a construção:

> de um novo contrato social e uma nova forma de organização da sociedade para erradicação de toda exclusão estrutural, em particular contra as mulheres e as meninas; um novo equilíbrio social entre mulheres e homens, no qual ambos assumam responsabilidades compartilhadas na vida pública e privada; Estado e sociedade que se baseiam na igualdade substantiva em todas as dimensões, cujos processos de tomada de decisão sejam compostos de modo paritário.

Guardando em si a igualdade substantiva, a democracia paritária é "uma democracia real, eficaz, inclusiva e responsável"[102]. Uma afirmação que, contudo, não será suficiente se não compreendermos que vivemos uma crise política mundial enraizada na estrutura institucional da sociedade capitalista[103]. De maneira que, como dizem as professoras Nancy Fraser, Cinzia Arruzza e Tithi Bhattacharya:

> as mulheres as maiores vítimas da atual crise política do capitalismo – e elas também são as protagonistas da luta para solucioná-la de forma emancipatória. Para nós, entretanto, a solução não é apenas colocar mais mulheres nas cidadelas do poder. Tendo sido excluídas da esfera pública por muito tempo, precisamos lutar com unhas e dentes para sermos ouvidas a respeito de temas que têm sido cotidianamente desprezados como "privados" como o assédio e a agressão sexual. Ironicamente, entretanto, nossas reivindicações são muitas vezes repetidas por "progressistas" da elite que dão a elas uma inflexão favorável ao capital: nos convidam a nos identificarmos e a votarmos em mulheres que atuam na política, ainda que de forma repulsiva, que nos pedem para celebrar *sua* ascensão a cargos de poder – como se isso favorecesse *nossa* libertação[104].

---

[101] ONU Mulheres. *Nota sobre Democracia Paritária*. 2018. Disponível em: https://www.onumulheres.org.br/wp-content/uploads/2018/06/Nota_Democracia-Paritaria_FINAL.pdf. Acesso em: 15 jun. 2024.
[102] *Idem.*
[103] FRASER Nancy; ARRUZZA, Cinzia; BHATTACHARYA, Tithi. *Feminismo para os 99%*: um manifesto. São Paulo: Boitempo, 2019, p. 88.
[104] *Idem*, p. 90.

A apropriação privada do excedente social restringe a autonomia e a habilidade coletiva das mulheres de assumir um papel ativo como atrizes de seu processo coletivo de vida.

Autodeterminação genuína requer tanto liberdade pessoal quanto coletiva. As duas estão internamente conectadas, e nenhuma pode ser assegurada na ausência da outra. A autonomia pessoa diz respeito, em parte, a ser capaz de escolher entre um conjunto de alternativas em questões de carreira, residência, casamento. Isso, porém, pressupõe uma gramática de vida estabelecida e um menu "preestabelecido" de opções. É aqui que entra a autonomia pública: o formato da gramática e do menu[105].

A *lawfare* de gênero busca silenciar e excluir as mulheres da esfera pública. Sem embargo, toda compreensão e uso dela como conceito para definir casos concretos e propor medidas verdadeiramente transformadoras só terão consequência caso se entenda que autonomia pública e privada se exigem mutuamente em um amálgama em que se encontram também participação e democracia.

Fora disso, o que se tem é o emprego da expressão como "mero rótulo" para fins que nada dizem com o avanço na pauta de reivindicações das mulheres.

---

[105] FRASER Nancy; JAEGGI, Rahel. *Capitalismo em debate*: uma conversa na teoria crítica. São Paulo: Boitempo, 2020, p. 151-152.

Uma palavra final

Há mais de uma década venho escrevendo[1] sobre o que identifiquei e nominei ser um sistema de custódia, definindo-o como o conjunto de tudo o quanto se faz para reprimir, vigiar e encerrar (em casa ou em instituições totais), mediante a articulação de mecanismos de exercício de poder do Estado, da sociedade, de forma geral, e da família. Ou seja, sobre um *modus operandi* patriarcal que, utilizando-se do direito e da práxis procedimental, do medievo até os dias atuais, serviu/ serve para legitimar a criminalização e/ou vitimização das consideradas "inimigas".

Desse conjunto de estudos é que surge a nomenclatura e, posteriormente, o conceito *lawfare* de gênero como um fenômeno que encerra diferentes formas de violência reais e simbólicas que o uso (ou o abuso) do direito viabiliza e sobre o qual exemplos não faltam.

Como mostrei ao longo desta nova obra, a *lawfare* de gênero é mais uma face da guerra jurídica que também é política, econômica, cultural. Não se sobrepondo a nenhuma delas, mas de todas elas sendo siamesa quando as "inimigas" são mulheres.

Nesse aspecto me parece ser perfeita a analogia proposta pela professora Jânia Saldanha com o mito Hidra de Lerna[2]. Tal como a criatura dotada de um corpo poderoso e de várias cabeças que se regeneravam quando cortadas, o qual Héracles derrotou somente quando cortou e enterrou a cabeça central,

---

[1] Nesse sentido, em especial, ver: MENDES, Soraia. *Criminologia feminista*: novos paradigmas. 3. ed. São Paulo: Saraiva, 2023.
[2] SALDANHA, Jânia. *Lawfare*: uma hidra com várias cabeças. In: RAMINA, Larisse. *Lawfare e América Latina*: a guerra jurídica no contexto da guerra híbrida. Curitiba: Íthala/GRD, 2022, v. 1, p. 198.

também a *lawfare* é "um monstro poderoso que se regenera à medida que o programa central do seu corpo é contrariado e posto em risco"[3].

O que nos cabe é identificar a cabeça central da *lawfare* na interseccionalidade de gênero, raça e classe, estruturantes das desigualdades e injustiças que marcam a sociedade e o Estado brasileiro desde sua gênese.

Este livro não é uma obra acabada, como já adiantei ainda no Capítulo 2, pois a ele inevitavelmente devo retornar em 2026.

Entretanto, espero muito que ele seja útil para que, ao longo dos dois anos que virão, ao menos um pouco da realidade de violência processual, institucional e política que vivemos como mulheres tenha sido modificada.

---

[3] *Idem*, p. 197.

Referências

ABBAS, Mahmoud Z. The Long Overdue Palestinian State. *The New York Times*, Op-Ed. New York. 16 maio 2011. Disponível em: https://www.nytimes.com/2011/05/17/opinion/17abbas.html. Acesso em: 15 jun. 2024.

ALVAREZ, M. C.; SALLA, F.; SOUZA, L. A. F. A sociedade e a lei: o Código Penal de 1890 e as novas tendências penais na primeira república. *Núcleo de Estudos da Violência da Universidade de São Paulo*. Disponível em: https://nev.prp.usp.br/wp-content/uploads/2015/01/down113.pdf. Acesso em: 15 jun. 2024.

ALMEIDA, Silvio. *O que é racismo estrutural?* Belo Horizonte: Letramento, 2018.

ALMEIDA, Tania Mara Campos; BANDEIRA, Lourdes Maria. Misoginia, violência contra as mulheres. In: BARBOSA, Theresa Karina de F. G. *A mulher e a justiça*: a violência doméstica sob a ótica dos direitos humanos. Brasília: Amagis-DF, 2016.

ALTO Comissariado das Nações Unidas para os Direitos Humanos. Protecting the right to defend human rights and fundamental freedoms. *Folha informativa n. 29*, Publicações das Nações Unidas, Genebra, 2004.

ARENDT, Hannah. *A condição humana*. Rio de Janeiro: Forense Universitária, 2000.

ASSEMBLEIA Geral da Nações Unidas. *Resolução n. 60/147, de 16 de dezembro de 2005*. Princípios e Diretrizes Básicas sobre o Direito a Recurso e Reparação para Vítimas de Violações Flagrantes das Normas Internacionais de Direitos Humanos e de Violações Graves do Direito Internacional

Humanitário. Nova Iorque, NY: 2005. Disponível em: https://gddc.ministeriopublico.pt/sites/default/files/diretrizes-recursoreparacao.pdf. Acesso em: 15 jun. 2024.

ASSEMBLEIA Geral das Nações Unidas. *Recomendação Geral n. 19 (Violência contra a Mulher)*. Recomendações Gerais adotadas pelo Comitê para a Eliminação de Todas as Formas de Discriminação contra a Mulher. Nova Iorque, NY: 1992. Disponível em: https://gddc.ministeriopublico.pt/sites/default/files/documentos/pdf/rec_geral_19_violencia_contra_as_mulheres.pdf. Acesso em: 15 jun. 2024.

ASSEMBLEIA Geral das Nações Unidas. *Recomendação Geral n. 23 (Vida política e pública)*. Recomendações Gerais adotadas pelo Comitê para a Eliminação de Todas as Formas de Discriminação contra a Mulher. Nova Iorque, NY: 1997. Disponível em: https://gddc.ministeriopublico.pt/sites/default/files/documentos/pdf/rec_geral_23_vida_politica_e_publica.pdf. Acesso em: 15 jun. 2024.

ASSEMBLEIA Geral das Nações Unidas. *Recomendação Geral n. 25 (n. 1 do artigo 4 da Convenção Sobre a Eliminação de Todas as Formas de Discriminação Contra as Mulheres – medidas especiais temporárias)*. Recomendações Gerais adotadas pelo Comitê para a Eliminação de Todas as Formas de Discriminação contra a Mulher. Nova Iorque, NY: 2004. Disponível em: https://gddc.ministeriopublico.pt/sites/default/files/documentos/pdf/rec_geral_25_medidas_especiais_temporarias.pdf. Acesso em: 15 jun. 2024.

ASSEMBLEIA Geral das Nações Unidas. *Recomendação Geral n. 33 (Acesso das Mulheres à Justiça)*. Recomendações Gerais adotadas pelo Comitê para a Eliminação de Todas as Formas de Discriminação contra a Mulher. Nova Iorque, NY: 2010. Disponível em: https://gddc.ministeriopublico.pt/sites/default/files/documentos/pdf/rec_geral_33_acesso_das_mulheres_a_justica.pdf. Acesso em: 15 jun. 2024.

Referências

ASSEMBLEIA Geral das Nações Unidas. *Recomendação Geral n. 35*. Recomendações Gerais adotadas pelo Comitê para a Eliminação de Todas as Formas de Discriminação contra a Mulher: Nova Iorque, NY: 2019. Disponível em: https://www.cnj.jus.br/wp-content/uploads/2019/09/769f84bb-4f9230f283050b7673aeb063.pdf. Acesso em: 15 jun. 2024.

ASSEMBLEIA Geral das Nações Unidas. *Resolução n. 48/104, de 20 de dezembro de 1993*: Declaração sobre Eliminação da Violência contra as Mulheres. Nova Iorque, NY: 1993. Disponível em: https://gddc.ministeriopublico.pt/sites/default/files/declaracaoviolenciamulheres.pdf. Acesso em: 15 jun. 2024.

ASSEMBLEIA Geral das Nações Unidas. *Resolução 40/34, de 29 de novembro de 1985*: Declaração dos Princípios Básicos de Justiça para as Vítimas de Delitos e Abuso de Poder. Nova Iorque, NY: 1985. Disponível em: https://gddc.ministeriopublico.pt/sites/default/files/decl-princjusticavitimas.pdf. Acesso em: 15 jun. 2024.

BENTO, Berenice. Necrobiopoder: quem pode habitar o Estado-nação? *Cadernos Pagu*, n. 53, p. 3, 2018. Disponível em: https://periodicos.sbu.unicamp.br/ojs/index.php/cadpagu/article/view/8653413. Acesso em: 15 jun. 2024.

BIDEGAIN, Ana Maria. Recuperemos la historia de las mujeres con nuevas categorías de análisis. In: LAMPE, Armando (org.). *História e libertação*: homenagem aos 60 anos de Enrique Dussel. Edição Bilíngue. Rio de Janeiro/São Paulo: Vozes/Cehila, 1996. p. 154-171.

BOULDING, Elise. Las mujeres y la violencia. In: *La violencia y sus causas*. Paris: Editorial Unesco, 1981. p. 265-279.

BRASIL. *Constituição da República Federativa do Brasil de 1988*. Brasília, DF: Presidência da República, 1988. Disponível em: https://www.planalto.gov.br/ccivil_03/constituicao/constituicao.htm. Acesso em: 15 jun. 2024.

BRASIL. *Decreto n. 1.973, de 1º de agosto de 1996.* Promulga a Convenção Interamericana para Prevenir, Punir e Erradicar a Violência contra a Mulher (Convenção de Belém do Pará), em 9 de junho de 1994. Brasília, DF: Presidente da República. Disponível em: https://www.planalto.gov.br/ccivil_03/decreto/1996/d1973.htm. Acesso em: 15 jun. 2024.

BRASIL. *Decreto n. 19.841, de 22 de outubro de 1945.* Promulga a Carta das Nações Unidas, da qual faz parte integrante o anexo Estatuto da Corte Internacional de Justiça, assinada em São Francisco, a 26 de junho de 1945, por ocasião da Conferência de Organização Internacional das Nações Unidas. Brasília, DF: Presidente da República, 1945. Disponível em: https://www.planalto.gov.br/ccivil_03/decreto/1930-1949/d19841.htm. Acesso em: 15 jun. 2024.

BRASIL. *Decreto n. 678, de 6 de novembro de 1992.* Promulga a Convenção Americana sobre Direitos Humanos (Pacto de São José da Costa Rica), 22 de novembro de 1969. Brasília, DF: Presidente da República, 1992. Disponível em: https://www.planalto.gov.br/ccivil_03/decreto/d0678.htm. Acesso em: 15 jun. 2024.

BRASIL. *Decreto-lei n. 2.848, de 7 de dezembro de 1940.* Institui o Código Penal. Rio de Janeiro, RJ: Presidência da República, 1940. Disponível em: https://www.planalto.gov.br/ccivil_03/decreto-lei/del2848compilado.htm. Acesso em: 15 jun. 2024.

BRASIL. *Lei n. 12.015, de 7 de agosto de 2009.* Altera o Título VI da Parte Especial do Decreto-Lei n. 2.848, de 7 de dezembro de 1940 – Código Penal, e o art. 1º da Lei no 8.072, de 25 de julho de 1990, que dispõe sobre os crimes hediondos, nos termos do inciso XLIII do art. 5º da Constituição Federal e revoga a Lei n. 2.252, de 1º de julho de 1954, que trata de corrupção de menores. Brasília, DF: Presidência da República, 2009. Disponível em: https://www.planalto.gov.br/ccivil_03/_ato2007-2010/2009/lei/l12015.htm. Acesso em: 15 jun. 2024.

Referências

BRASIL. *Lei n. 13.869, de 5 de setembro de 2019*. Dispõe sobre os crimes de abuso de autoridade; altera a Lei n. 7.960, de 21 de dezembro de 1989, a Lei n. 9.296, de 24 de julho de 1996, a Lei n. 8.069, de 13 de julho de 1990, e a Lei n. 8.906, de 4 de julho de 1994; e revoga a Lei n. 4.898, de 9 de dezembro de 1965, e dispositivos do Decreto-lei n. 2.848, de 7 de dezembro de 1940 (Código Penal). Brasília, DF: Presidência da República, 2019. Disponível em: https://www.planalto.gov.br/ccivil_03/_ato2019-2022/2019/lei/l13869.htm. Acesso em: 15 jun. 2024.

BRASIL. *Lei n. 14.192, de 4 de agosto de 2021*. Estabelece normas para prevenir, reprimir e combater a violência política contra a mulher; e altera a Lei n. 4.737, de 15 de julho de 1965 (Código Eleitoral), a Lei n. 9.096, de 19 de setembro de 1995 (Lei dos Partidos Políticos), e a Lei n. 9.504, de 30 de setembro de 1997 (Lei das Eleições), para dispor sobre os crimes de divulgação de fato ou vídeo com conteúdo inverídico no período de campanha eleitoral, para criminalizar a violência política contra a mulher e para assegurar a participação de mulheres em debates eleitorais proporcionalmente ao número de candidatas às eleições proporcionais. Brasília, DF. Presidência da República, 2021. Disponível em: https://www.planalto.gov.br/ccivil_03/_ato2019-2022/2021/lei/L14192.htm. Acesso em: 15 jun. 2024.

BRASIL. *Lei n. 14.857, de 21 de maio de 2024*. Altera a Lei n. 11.340, de 7 de agosto de 2006 (Lei Maria da Penha), para determinar o sigilo do nome da ofendida nos processos em que se apuram crimes praticados no contexto de violência doméstica e familiar contra a mulher. Brasília, DF: Presidência da República, 2024. Disponível em: https://www.planalto.gov.br/ccivil_03/_ato2023-2026/2024/lei/L14857.htm. Acesso em: 15 jun. 2024.

BRASIL. *Lei n. 11.340, de 7 de agosto de 2006*. Lei Maria da Penha. Cria mecanismos para coibir a violência doméstica e familiar contra a mulher, nos termos do § 8º do art. 226 da Constituição Federal, da Convenção sobre a Eliminação de Todas as Formas de Discriminação contra as Mulheres e da Convenção Interamericana para Prevenir, Punir e Erradicar a Violência contra a Mulher; dispõe sobre a criação dos Juizados de Violência Doméstica e Familiar contra a Mulher; altera o Código de Processo Penal, o Código Penal e a Lei de Execução Penal; e dá outras providências. Brasília, DF: Presidência da República, 2006. Disponível em: https://www.planalto.gov.br/ccivil_03/_ato2004-2006/2006/lei/l11340.htm. Acesso em: 15 jun. 2024.

BRASIL. *Lei n. 14.197, de 1º de setembro de 2021*. Acrescenta o Título XII na Parte Especial do Decreto-lei n. 2.848, de 7 de dezembro de 1940 (Código Penal), relativo aos crimes contra o Estado Democrático de Direito; e revoga a Lei n. 7.170, de 14 de dezembro de 1983 (Lei de Segurança Nacional), e dispositivo do Decreto-lei n. 3.688, de 3 de outubro de 1941 (Lei das Contravenções Penais). Brasília, DF: Presidência da República, 2021. Disponível em: https://www.planalto.gov.br/ccivil_03/_ato2019-2022/2021/lei/l14197.htm. Acesso em: 15 jun. 2024.

BRASIL. *Lei n. 14.321, de 31 de março de 2022*. Altera a Lei n. 13.869, de 5 de setembro de 2019, para tipificar o crime de violência institucional. Brasília, DF: Presidência da República, 2022. Disponível em: https://www.planalto.gov.br/ccivil_03/_ato2019-2022/2022/Lei/L14321.htm. Acesso em: 15 jun. 2024.

BRASIL. *Lei n. 14.612, de 3 de julho de 2023*. Altera a Lei n. 8.906, de 4 de julho de 1994 (Estatuto da Advocacia), para incluir o assédio moral, o assédio sexual e a discriminação entre as infrações ético-disciplinares no âmbito da Ordem dos Advogados do Brasil. Brasília, DF: Presidência da República, 2023. Disponível em: https://www.planalto.gov.br/

ccivil_03/_ato2023-2026/2023/lei/l14612.htm. Acesso em: 15 jun. 2024.

BRASIL. *Lei n. 13.105, de 16 de março de 2015*. Institui o Código de Processo Civil. Código de Processo Civil. Brasília, DF: Presidência da República, 2015. Disponível em: https://www.planalto.gov.br/ccivil_03/_ato2015-2018/2015/lei/l13105.htm. Acesso em: 15 jun. 2024.

BRASIL. *Lei n. 8.906, de 4 de julho de 1994*. Dispõe sobre o Estatuto da Advocacia e a Ordem dos Advogados do Brasil (OAB). Brasília, DF: Presidente da República, 1993. Disponível em: https://www.planalto.gov.br/ccivil_03/leis/l8906.htm. Acesso em: 15 jun. 2024.

CÂMARA Municipal do Rio de Janeiro. Relatório da Comissão da Mulher. *Marielle Franco*. Disponível em: https://www.mariellefranco.com.br/relatorio-comissao-da-mulher. Acesso em: 15 jun. 2024.

CARLSON, John; YEOMANS, Neville. Whither Goeth the Law – Humanity or Barbarity. In: SMITH, M. & CROSSLEY, D. (ed.). *The Way Out – Radical Alternatives in Australia*. Melbourne: Lansdowne Press, 1975.

CASAGRANDE, Carla. A mulher sob custódia. In: PERROT, Michelle; DUBY, Georges (org.). *História das mulheres no ocidente*. Porto: Afrontamento, 1990. v. 2. p. 99-141.

CASARA, Rubens. A arte neoliberal de perseguir inimigos: *lawfare* e controle dos indesejáveis. In: RAMINA, Larisse. *Lawfare e América Latina*: a guerra jurídica no contexto da guerra híbrida. Curitiba: Íthala/GRD, 2022. v. 2. p. 424-433. (Coleção Mulheres no Direito Internacional)

CHAUÍ, Marilena. *Cultura e democracia*: o discurso competente e outras falas. São Paulo: Cortez, 2007.

COMAROFF, Jean; COMAROFF, John L. Law and Disorder in the Postcolony: an Introduction. In: COMAROFF, Jean;

COMAROFF, John L. (ed.). *Law and Disorder in the Postcolony.* Chicago: University Of Chicago Press, 2006. p. 1-56.

COMISSÃO Interamericana de Direitos Humanos. *Relatório sobre a situação das defensoras e defensores de direitos humanos nas Américas.* Washington, 2006. Disponível em https://www.cidh.oas.org/pdf%20files/DEFENSORES%20PORTUGUES%20(Revisada).pdf. Acesso em: 15 jun. 2024.

COMISSÃO Interamericana de Direitos Humanos. *Segundo relatório sobre a situação das defensoras e defensores de direitos humanos nas Américas.* Washington, 2011. Disponível em https://www.oas.org/es/cidh/defensores/docs/pdf/defensores2011.pdf. Acesso em: 15 jun. 2024.

CONSELHO Nacional de Justiça. *Protocolo para Julgamento sob a Perspectiva de Gênero.* Brasília, DF: Presidente do Supremo Tribunal Federal, 2021. Disponível em: https://www.cnj.jus.br/wp-content/uploads/2021/10/protocolo-para-julgamento-com-perspectiva-de-genero-cnj-24-03-2022.pdf. Acesso em: 15 jun. 2024.

CONSELHO Nacional de Justiça. *Resolução n. 525, de 27 de setembro de 2023.* Altera a Resolução CNJ n. 106/2010, dispondo sobre ação afirmativa de gênero, para acesso das magistradas aos tribunais de 2º grau. Brasília, DF: Presidente do Supremo Tribunal Federal, 2023. Disponível em: https://atos.cnj.jus.br/atos/detalhar/5277. Acesso em: 15 jun. 2024.

CONSELHO Nacional do Ministério Público. *Resolução n. 243, de 18 de outubro de 2023.* Dispõe sobre a Política Institucional de Proteção Integral e de Promoção de Direitos e Apoio às Vítimas. Brasília, DF: Procurador Geral da República, 2023. Disponível em: https://www.cnmp.mp.br/portal/images/Resolucoes/2021/Resoluo-n-243-2021.pdf. Acesso em: 15 jun. 2024.

CONVENÇÃO Americana de Direitos Humanos. *Decreto n. 678, de 6 de novembro de 1992.* Promulga a Convenção

Americana sobre Direitos Humanos (Pacto de São José da Costa Rica), de 22 de novembro de 1969. Brasília, DF: Vice-presidente da República, 1992. Disponível em: https://www.planalto.gov.br/ccivil_03/decreto/d0678.htm. Acesso em: 15 jun. 2024.

CONVENÇÃO de Viena. *Decreto n. 7.030, de 14 de dezembro de 2009*. Promulga a Convenção de Viena sobre o Direito dos Tratados, concluída em 23 de maio de 1969, com reserva aos Artigos 25 e 66. Brasília, DF: presidência da República, 2009. Disponível em: https://www.planalto.gov.br/ccivil_03/_ato2007-2010/2009/decreto/d7030.htm. Acesso em: 15 jun. 2024.

CONVENÇÃO sobre a Eliminação de Todas as Formas de Discriminação contra a Mulher. *Decreto n. 4.377, de 13 de setembro de 2002*. Promulga a Convenção sobre a Eliminação de Todas as Formas de Discriminação contra a Mulher, de 1979, e revoga o Decreto n. 89.460, de 20 de março de 1984. Brasília, DF: Presidência da República, 2002. Disponível em: https://www.planalto.gov.br/ccivil_03/decreto/2002/d4377.htm. Acesso em: 15 jun. 2024.

CORTE IDH. *Caso Castillo Petruzzi e outros vs. Peru*. Mérito, reparações e custas. Sentença de 30-5-1999.

CORTE IDH. *Caso Ruano Torres e outros vs. El Salvador*. Mérito, reparações e custas. Sentença de 5-10-2015.

CORTE IDH. *Caso Acosta e outros vs. Nicarágua*. Exceções preliminares, mérito, reparações e custas. Sentença de 25-3-2017.

CORTE IDH. *Caso Loayza Tamayo vs. Peru*. Interpretação da sentença de mérito. Sentença de 8-3-1998.

CORTE IDH. *Caso Valenzuela Ávila vs. Guatemala*. Mérito, reparações e custas. Sentença de 11-10-2019.

CORTE IDH. *Caso Chaparro Álvarez e Lapo Íñiguez vs. Ecuador*. Exceções Preliminares, mérito, reparações e custas. Sentença de 21-11-2007.

CORTE IDH. *Caso Chaparro Álvarez e Lapo Íñiguez* vs. *Ecuador*. Interpretação da Sentença de Exceções Preliminares, mérito, reparações e custas. Sentença de 26-11-2008.

CORTE IDH. *Caso Cabrera García e Montiel Flores* vs. *México*. Exceção preliminar, mérito, reparações e custas. Sentença de 26-11-2010.

CORTE IDH. *Caso Maldonado Ordóñez* vs. *Guatemala*. Exceção preliminar, mérito, reparações e custas. Sentença de 3-5-2016.

CORTE IDH. *Caso Ximenes Lopes* vs. *Brasil*. Sentença 4-7-2006.

CORTE IDH. *Caso Barbosa de Souza e Outros* vs. *Brasil*. Exceções Preliminares, mérito, reparações e custas. Sentença de 7-9-2021.

CORTE IDH. *Caso Miembros de la Corporación Colectivo de Abogados "José Alvear Restrepo"* vs. *Colombia*. Exceções Preliminares, mérito, reparações e custas. Sentença de 18-10-2023.

CRUZ, Sebastião Carlos Velasco e. Teoria e método na análise de conjuntura. *Educação e Sociedade*, v. 72, Campinas, p. 145-152, 2000. Disponível em https://www.scielo.br/j/es/a/YX7SG7nVCsBxpxRwpgMR5zL/?lang=pt. Acesso em: 15 jun. 2024.

DECLARAÇÃO sobre o Direito e o Dever dos Indivíduos, Grupos e Instituições de Promover e Proteger os Direitos Humanos e as Liberdades Fundamentais Universalmente Reconhecidos. *Resolução n. 53/144 da Assembleia Geral das Nações Unidas*. Nova York, 9 de dezembro de 1998.

DECLARAÇÃO e Programa de Ação de Viena. Viena, AT, 1993. Disponível em: https://gddc.ministeriopublico.pt/sites/default/files/declaracao_e_programa_acao_viena.pdf. Acesso em: 15 jun. 2024.

DUNLAP JR., Charles J. *Law and Military Interventions*: Preserving Humanitarian Values in 21st Conflicts. Humanitarian Challenges in Military Intervention Conference Carr Center for Human Rights Policy Kennedy School of Government, Harvard University Washington, D.C., November 29, 2001. Disponível em: https://people.duke.edu/~pfeaver/dunlap.pdf. Acesso em: 15 jun. 2024.

DUNLAP JR., Charles J. Lawfare Today... and Tomorrow. In: *International Law and the Changing Character of War 315-325* (Raul A. "Pete" Pedrozo & Daria P. Wollschlaeger eds., 2011). *US Naval War College International Law Studies*, v. 87, 2011. Disponível em: https://scholarship.law.duke.edu/cgi/viewcontent.cgi?article=3090&context=faculty_scholarship. Acesso em: 15 jun. 2024.

DORNELLES, João Ricardo. Lawfare na América Latina: o caminho do necrocapitalismo para o neofascismo. In: RAMINA, Larisse. *Lawfare e América Latina*: a guerra jurídica no contexto da guerra híbrida. Coleção Mulheres no Direito Internacional. Curitiba: Íthala/GRD, 2022. v. 1.

FIDH – Federación Internacional de los Derechos Humanos; OMCT – Organización Mundial Contra la Tortura. Observatorio para la protección de los defensores de los Derechos Humanos. *Informe anual 2003. Los defensores de los Derechos Humanos frente a las políticas de seguridad*. Paris/Genebra, 2004. Disponível em: https://www.corteidh.or.cr/tablas/28842.pdf. Acesso em: 15 jun. 2024.

FIDH – Federación Internacional de los Derechos Humanos; OMCT – Organización Mundial Contra la Tortura. *Informe anual 2005. El Testimonio Obstinado*. Paris/Genebra, 2006. Disponível em: https://www.fidh.org/IMG/pdf/fullobs2005e.pdf. Acesso em: 15 jun. 2024.

FORNAZIERI, Aldo. O que é análise de conjuntura política? In: OLIVEIRA, Flávio Rocha de; MARQUES, Moisés da Silva.

(org.). *Introdução ao risco político*: conceitos, análises e problemas. Rio de Janeiro: Elsevier, 2014. p. 1-39.

FRASER, Nancy. Redistribuição, reconhecimento e participação: por uma concepção integrada da justiça. In: PIOVESAN, Flávia; IKAWA, Daniela; SARMENTO, Daniel (coord.). *Igualdade, diferença e direitos humanos*. Rio de Janeiro: Lumen Juris, 2008.

FRASER Nancy; ARRUZA, Cinzia; BHATTACHARYA, Tithi. *Feminismo para os 99%*: um manifesto. São Paulo: Boitempo, 2019.

FRASER Nancy; JAEGGI, Rahel. *Capitalismo em debate*: uma conversa na teoria crítica. São Paulo: Boitempo, 2020.

GIRALDO, Dora Lucy Arias. *Caso Miembros de la Corporación Colectivo de Abogados José Alvear Restrepo (CDH-8-2020). Testemunho de Diana Milena Murcia Riaño. Alegações Finais Escritas*. Corte Interamericana de Direitos Humanos. Washington D.C., 13 de junho de 2022.

GOMES, Izabel Solyszko. Feminicídios: um longo debate. *Revista Estudos Feministas*, 26 (2), 2018. Disponível em: https://doi.org/10.1590/1806-9584-2018v26n239651. Acesso em: 15 jun. 2024.

HARDING, Sandra. *Ciencia y feminismo*. Madrid: Moratas, 1996.

HUMAN Rights Watch. *Human Rights News*. Disponível em: https://www.hrw.org/legacy/backgrounder/americas/colombia-certification4.htm#a. Acesso em: 15 jun. 2024.

INSTITUTO de Defesa do Direito de Defesa (IDDD). *Ativismo cercado*: um diagnóstico da criminalização das lutas sociais em São Paulo. Relatório do projeto "Defesa de Defensores/as de Direitos Humanos: redes de empoderamento legal, incidência e proteção". Disponível em: https://iddd.org.br/wp-content/uploads/2023/12/relatorio-defesa-de-defensores-iddd.pdf. Acesso em: 15 jun. 2024.

KRAMER, Heinrich; SPRENGER, James. *O martelo das feiticeiras*. Rio de Janeiro: Rosa dos Tempos, 2010.

KITTRIE, Orde F. *Lawfare*: law as a weapon of war. New York: Oxford University Press, 2016.

LEITE, Taylisi de Souza Corrêa. *Crítica ao feminismo liberal*: valor-clivagem e marxismo feminista. São Paulo: Contracorrente, 2020.

LE ROUX, Michelle. DAVIS, Dennis. *Lawfare*: judging politics in South Africa. Johannesburg/Cape Town: Jonathan Ball Publishers, 2019.

LIANG, Qiao; XIANGSUI, Wang. *Unrestricted Warfare*: China's Master Plan to Destroy America. Beijing: PLA Literature and Arts Publishing House, 1999.

LOWER, Wendy. *As mulheres do nazismo*. Rio de Janeiro: Rocco, 2014.

MADRID, Antonio. Vulneración y Vulnerabilidad: El orden de las cosas. *Fundación L'Alternativa*. Disponível em: http://www.fundacioalternativa.cat/wp-content/uploads/2015/05/Vulneraci%C3%B3n-y-vulnerabilidadx.pdf. Acesso em: 30 ago. 2018.

MARTÍNEZ, Ana María de la Escalera; LINDIG, Erika Cisneros (org.). *Alteridad y Exclusiones*: Vocabulario para el debate social y político. Cidade do México: Juan Pablo Ed., 2013.

MBEMBE, Achille. On Politics as a Form of Expenditure. In: COMAROFF, Jean; COMAROFF, John L. (ed.). *Law and Disorder in the Postcolony*. Chicago: University Of Chicago Press, 2006. p. 299-335.

MENDES, Gilmar Ferreira; BRANCO, Paulo Gustavo Gonet. *Curso de Direito Constitucional*. São Paulo: Saraiva, 2023.

MENDES, Soraia da Rosa. *Esfera pública e direitos fundamentais*: estudos sobre a liberdade de comunicação. Passo Fundo: Ifibe, 2008.

MENDES, Soraia da Rosa. *Criminologia feminista*: novos paradigmas. São Paulo: Saraiva, 2014.

MENDES, Soraia da Rosa. Autoritarismo e racismo: as estruturas que mataram, mutilaram e subjugaram as mulheres em 2018. *Revista dos Tribunais*, v. 998, São Paulo, p. 399-426, 2018.

MENDES, Soraia da Rosa; PIMENTEL, Elaine. A violência sexual: a epistemologia feminista como fundamento de uma dogmática penal feminista. *Revista Brasileira de Ciências Criminais*, São Paulo, Revista dos Tribunais, 2018.

MENDES, Soraia da Rosa. A divulgação de mensagens privadas e a "datenização" do processo em crimes sexuais. *Conjur*. 25 dez. 2020. Disponível em: https://www.conjur.com.br/2020-dez-25/soraia-mendes-divulgacao-mensagens-datenizacao-crimes-sexuais/. Acesso em: 15 jun. 2024.

MENDES, Soraia da Rosa; PENAFORTE, Maria Eduarda Gomes; MARTÍNEZ, Ana Maria. Os Crimes de Lesa Humanidade e o Encontro de uma Criminologia Feminista dos Direitos Humanos em "O Leitor". In: MACHADO, Bruno Amaral; Zackseski, Cristina; DUARTE, Evandro Piza. *Criminologia & Cinema*: memória e verdade. Barcelona: J.M. Bosch, 2020. p. 459-482.

MENDES, Soraia. *Processo Penal Feminista*. 2. ed. São Paulo: Atlas, 2021.

MENDES, Soraia. *Feminicídio de Estado*. 2. ed. São Paulo: Blimunda, 2023.

MENDES, Soraia. *Criminologia feminista*: novos paradigmas. 3. ed. São Paulo: Saraiva, 2023.

MENDES, Soraia da Rosa. A condenação da jornalista Schirlei Alves e a retórica do segredo judicial. *Portal Catarinas*. 8 dez. 2023. Disponível em: https://catarinas.info/colunas/a-condenacao-da-jornalista-schirlei-alves-e-a-retorica-do-segredo-judicial/. Acesso em: 15 jun. 2024.

ONU Mulheres. *Nota sobre Democracia Paritária*. 2018. Disponível em: https://www.onumulheres.org.br/wp-content/uploads/2018/06/Nota_Democracia-Paritaria_FINAL.pdf. Acesso em: 15 jun. 2024.

RICOEUR, Paul. *O Justo 2*: justiça e verdade e outros estudos. São Paulo: WMF Martins Fontes, 2008.

ROJAS, Laura María. *Informe Sombra de Seguimiento a las Observaciones Finales sobre el Noveno Informe Periódico de Colombia ante el CEDAW*. Bogotá: Mesa por la Vida y la Salud de las Mujeres (La Mesa) e Red Nacional de Mujeres, 2021.

SAFFIOTI, Heleieth. *Gênero, patriarcado, violência*. São Paulo: Fundação Perseu Abramo, 2004.

SAGOT, Montserrat. El femicidio como Necropolítica en Centroamérica. *Labrys Estudos Feministas*, n. 24, Brasília, Montreal, Paris, jul./dez. 2013.

SALDANHA, Jânia. *Lawfare*: uma hidra com várias cabeças. In: RAMINA, Larisse. *Lawfare e América Latina*: a guerra jurídica no contexto da guerra híbrida. Curitiba: Íthala/GRD, 2022. v. 1. (Coleção Mulheres no Direito Internacional)

SAMPER, Miguel Posada. La Guerra Jurídica de la Subversión. *Revista Fuerzas Armadas*. Bogotá, 1997.

SANTORO, Antonio Eduardo Ramires; TAVARES, Natália Lucero Frias. *Lawfare brasileiro*. 2. ed. Belo Horizonte: D'Plácido, 2021.

SOUZA, H. J. (Betinho). *Como se faz análise de conjuntura*. 34. ed. Petrópolis: Vozes, 2014.

SOUSA JUNIOR, José Geraldo de. O Direito Achado na Rua: condições sociais e fundamentos teóricos. *Revista Direito e Praxis*, v. 10, n. 4, Rio de Janeiro, 2019, p. 2776-2817.

STF. *Ministro Alexandre de Moraes*: Relatório 7 anos. Brasília: STF, 22 de abril de 2024. Disponível em: https://www.stf.

jus.br/arquivo/cms/noticiaNoticiaStf/anexo/RelatrioG-MAM21_03_2024_final.pdf. Acesso em: 15 jun. 2024.

ZAFFARONI, E. Raúl. A mulher e o poder punitivo. In: CLADEM. *Mulheres*: vigiadas e castigadas. São Paulo, 1995. p. 23-38.

ZAFFARONI, E. Raúl. Discurso feminista e poder punitivo. In: PIERANGELI, José Henrique (coord.). *Direito criminal.* Belo Horizonte: Del Rey, 2001. p. 49-84.

ZANIN MARTINS, Cristiano; ZANIN MARTINS, Valeska Teixeira; VALIM, Rafael. *Lawfare*: uma introdução. São Paulo: Contracorrente, 2023.

ZANIN MARTINS, Cristiano; ZANIN MARTINS, Valeska Teixeira; VALIM, Rafael (coord.). *O caso Lula*: a luta pela afirmação dos direitos fundamentais no Brasil. São Paulo: Contracorrente, 2016.

WERMUTH, Maiquel Ângelo Dezordi; NIELSSON, Joice Graciele. Necrobiopolítica de gênero no Brasil contemporâneo: o feminicídio em tempos de fascismo social. *Revista Brasileira de Políticas Públicas*, v. 10, n. 2, Brasília, p. 331-350, 2020.